本书为湘南学院南岭走廊乡村振兴研究中心研究成果之一，
获得湘南学院社会工作国家级一流本科专业建设点资助

经济、社会交往与共同体构建
——湘粤古道民族交往典型案例

陈敬胜 著

西南财经大学出版社
Southwestern University of Finance & Economics Press
中国·成都

图书在版编目(CIP)数据

经济、社会交往与共同体构建:湘粤古道民族交往典型案例/陈敬胜著.—成都:西南财经大学出版社,2022.12
ISBN 978-7-5504-5620-4

Ⅰ.①经… Ⅱ.①陈… Ⅲ.①古道-民族工作-案例-湖南、广东
Ⅳ.①D633

中国版本图书馆 CIP 数据核字(2022)第 215288 号

经济、社会交往与共同体构建:湘粤古道民族交往典型案例
JINGJI、SHEHUI JIAOWANG YU GONGTONGTI GOUJIAN:XIANGYUE GUDAO MINZU JIAOWANG DIANXING ANLI
陈敬胜 著

责任编辑:李晓嵩
责任校对:杨婧颖
封面设计:何东琳设计工作室
责任印制:朱曼丽

出版发行	西南财经大学出版社(四川省成都市光华村街 55 号)
网　　址	http://cbs.swufe.edu.cn
电子邮件	bookcj@swufe.edu.cn
邮政编码	610074
电　　话	028-87353785
照　　排	四川胜翔数码印务设计有限公司
印　　刷	四川五洲彩印有限责任公司
成品尺寸	170mm×240mm
印　　张	15
字　　数	224 千字
版　　次	2022 年 12 月第 1 版
印　　次	2022 年 12 月第 1 次印刷
书　　号	ISBN 978-7-5504-5620-4
定　　价	88.00 元

序言

20世纪80年代，费孝通先生提出了“民族走廊”这一概念，目的在于运用“一个宏观的、全面的、整体的概念，看中国民族大家庭里的各个成分在历史上是怎样运动的”。进入21世纪，对民族走廊的研究重新回到研究者的视野中，掀起了一波又一波热潮。对民族走廊的研究虽然热度不减，但也遇到了很多困惑。推动对民族走廊的研究走向新的阶段，仅依靠满腔热情是不够的，还需要新的路径与方法。

对民族走廊的研究是指自觉地将“民族走廊”作为一个范畴纳入研究当中。从这个意义上说，民族走廊首先提供了一种视角，其次才是研究对象或研究内容，即在民族走廊框架下展开的或以民族走廊为对象的研究。纵观以往有关民族走廊的研究，大致可以分为以下研究取向：

一是延续20世纪30年代以来形成的少数民族调查研究。这类研究对某一行政区域或地理范围的单一民族进行调查研究，从社会、经济、文化方面入手，力图比较全面地呈现民族社会的全貌。

二是从20世纪八九十年代开始引入，到21世纪形成的族群与区域研究。这类研究主要是以某一行政区域内的族群与文化为对象，涵盖族群历史、族际互动、族群文化等。这类研究取得了相当多的成果，如贵州“六山六水”研究、岭南文化研究、西南文化研究等区域性研究。

三是“华南学派”发起的历史人类学取向的研究。最近几年，他们的目光由“华南”向“南岭”转移，从中可以看出华南与南岭之间的密切关系。

四是“应用取向”的研究。这类研究突出了对现实的关怀，如从扶贫、发展、非物质文化遗产保护与旅游开发等方面展开介入式研究，凸显了对民族走廊的研究的价值取向。这类取向在对民族走廊的研究中应用很多，取得了较为丰硕的成果。

任何一种研究取向都有可取之处，在前人的基础上推动对民族走廊的研究，笔者认为应转换研究视角，进行跨学科研究。

推动跨区域发展，服务国家战略。费孝通先生当年提出“民族走廊”这一概念，直接的出发点就是想推动民族走廊地区的连片发展，如针对南岭走廊提出“瑶族经济协作区”，这是很智慧的思想，这就要求我们有更宽广的视野，看到区域之间的关联，推动跨区域的发展。以藏彝民族走廊为例，李绍明、石硕、李星星等学者先后就其生态地理、历史文化、族群关系等方面展开过研究。目前，这种以跨区域为视野的研究还不多。近些年，国家对民族走廊地区的关注和扶持不断加强，这为我们开展对民族走廊的研究提供了良好的契机，我们应当把握机会，把我们的研究与国家在民族走廊地区的相关战略结合起来，一方面借助政策优势推进对民族走廊的研究，另一方面也通过我们的研究为国家提供政策建议。

国家在民族走廊地区推行的生态战略、扶贫战略、文化遗产保护战略、城镇化战略、交通战略等对于南岭地区的发展来说同样重要，并且国家已经在南岭地区出台多项政策措施以保障以上战略顺利实施。这些战略一方面凸显了民族走廊地区在地理环境、自然资源、文化遗产以及经济发展等方面的优势及不足，另一方面表明了国家对民族走廊地区发展的重视。就南岭走廊来说，在生态价值上，这里是珠江与长江的重要源头，赣、粤、湘、桂的重要生态屏障，山地森林生态系统和生物多样性保护地，具有极为重要的水文涵养功能。

新时代、新征程，在推进中国式现代化建设背景下，民族走廊地区如何实现高质量发展，巩固脱贫攻坚成果，实现与乡村振兴的有效衔接是摆在民族走廊地区面前最为急迫的工作，也是我们在今后的研究中需要倾注更多精力去关注的问题。这就需要我们将国家在民族走廊地区实施的各项战略、政策结合起来。

开展田野工作，在跨界融合中实现超越。除了高校及科研院所的研究者外，我们还发现，现在有越来越多的知识分子、官员以及企业家，或是出于强烈的文化自觉，或是出于脱贫致富的现实目的，或是出于敏锐的市场嗅觉，自觉地聚集到民族走廊这一范畴之下。对不同的研究群体，我们需要有意识地进行反思，高校及科研院所的研究者应更多地倾听“本地人”的声音。反过来说，“本地人”也需要借助学者的知识权威来推动和合理化其意图与目标。多方需要加强对话，才能在当前的背景下推动南岭走廊研究走向纵深。

因此，笔者主张不同领域的研究者要加强合作，特别是“学院派”与地方研究者的合作。我们在南方地区的很多县都接触到非常多热爱地方文化的人，他们做了很多民俗研究，写了不少民间故事集，搜集了大量的契约文书等，对地方的地理地貌、历史文化等特别清楚。但是，这些地方研究者有一个很大的问题，那就是缺乏口述史所重视的“人、地、时”因素。因此，我们需要思考“学院派”如何与地方研究者合作，更多地倾听地方的声音，取长补短，从而取得更大的收获。

对民族走廊进行研究，其方法也要相应地跨学科。该研究不是一门学科就能完成的任务，也需要多个学科的互相借鉴与整合。正如有学者所指出的，从研究理论与研究方法上看，现有研究理论和方法相对单一，且以定性研究为主，缺少定量研究。

民族走廊是一个历史形成的区域，因此展开实地考察也即田野调查是我们开展研究的基础。在田野调查中，我们不仅要看到当前的社会现状，也需要具备历史的眼光，开展广泛的社会历史调查，通过各种途径深入挖掘和收集各类资料，尤其是族谱、档案和口碑、图片资料等。

在这种跨学科的田野调查中，我们既要思考民族走廊在地理和行政区划上的意义，更要考虑其在文化象征上的意义。具体说来，我们需要进行身份认同、宗教信仰、民间传说等方面的调查，考察不同族群之间对边界的认知、族群的历史记忆以及官方和民间对作为文化分界的民族走廊的表述，从整体上理解作为文化象征意义的民族走廊的形成和发展过程。

费孝通先生提出，对民族走廊的研究，要打破行政区域、打破单一学科和单一民族的界限，笔者对此很是赞同。

例如，在河湟地区，想要讲述它的历史和族群互动，就与甘青地区、川北地区是分不开的，孤立的研究不可取。费孝通先生曾就中华民族多元一体格局的形成与发展进行了阐述，涉及地理、历史等七个要素，这七个要素可以成为我们研究民族走廊的切入点。由于时代的局限性，费孝通先生讲得较多的是“一体”是如何形成的，并没有讲“多元”是如何形成的。我们若想在理论上实现突破，就应该解释如此多元的民族是怎样形成的，而民族走廊地区恰恰提供了进行此类研究的来源。我们已经能够看到它的整体情况，但具体的形成过程是不清楚的。而古道与古道之间是如何连接起来的？古道的连接如何形成了民族走廊？这些都是值得我们去进一步思考的问题。

此外，我们还可以将对民族走廊的研究延伸到海外，如对藏彝走廊的研究便可跨越国界。藏彝走廊位于丝绸之路的南路，连接了诸多文明和文化，只谈某一个民族的走廊是不合适的。我们要从大的历史背景着眼，古道的形成与文化的互动是联系在一起的。

陈敬胜博士生活、成长于南岭走廊之瑶族区域，后来又在湘粤古道湖南段的郴州地区工作，良好的学术素养加上丰富的田野调查经验使其对湘粤古道沿线的各民族交往交流交融社会现象十分敏感，他利用各种机会对湘粤古道沿线的各民族进行了扎实的田野调查。在田野调查中，陈敬胜博士出于对这片热土的情怀和对学术的执着，坚守多年后整理出版了《经济、社会交往与共同体构建——湘粤古道民族交往典型案例》这本著作，为我们从微观角度研究区域共同体提供了可借鉴的思路与代表性的案例，不失为民族走廊研究的一本佳作。

周大鸣

2022 年 12 月

周大鸣，男，人类学博士，教授（二级），博士生导师，国家高层次人才，云南师范大学法学与社会学学院全职聘任教授。

目录

导论 / 001

第一节　田野点概况 / 004

第二节　理论概述 / 010

第三节　研究方法 / 023

第一章　伍堡瑶的族源历史 / 027

第一节　伍堡瑶的族源 / 029

第二节　来源复杂的伍堡瑶 / 043

第三节　民族识别与恢复 / 051

第二章　互补性经济交往：伍堡瑶形成的基石 / 063

第一节　渴望生存压力下的定居 / 065

第二节　垦荒土地与管理山场 / 068

第三节　伍堡瑶的入籍 / 082

第三章　共享性生态空间：伍堡瑶形成的物质基础 / 087

第一节　瑶族传统的生计模式 / 089

第二节　伍堡瑶的农业生产 / 097

第三节　伍堡瑶的林业 / 112

第四节　矿产资源的开采 / 116

第四章　社会交往互动：伍堡瑶形成的社会基础 / 121

第一节　瑶老制：过山瑶社会交往的社会组织 / 123

第二节　千户长：伍堡瑶社会交往的社会组织 / 126

第三节　基层社会治理 / 137

第五章　社会教育互动 / 149

第一节　瑶族传统教育的途径 / 151

第二节　伍堡瑶的社会教育 / 163

第三节　伍堡瑶的学校教育 / 172

第六章　在社会交往中实现文化交融 / 185

第一节　文化采借与适应：伍堡瑶的婚俗 / 187

第二节　文化采借与适应：伍堡瑶的春节习俗 / 195

第七章　结束语 / 203

参考文献 / 213

后记 / 225

导论

“南岭走廊”是费孝通先生在20世纪80年代提出的一个学术概念，是历史上中原与岭南人口、经济、文化互动的传统通道。南岭走廊现有人口约7 000万人，其中少数民族人口约1 750万人，占总人口的1/4左右。在黔、桂、湘、粤交界处的一些地区，少数民族人口比例高达40%~50%。南岭走廊由湘粤古道、梅岭古道、湘桂古道等古代陆路组成。其中，湘粤古道连接粤北与湘南，为瑶族的主要聚居带。自古以来，瑶族与南岭走廊上的其他民族交往交流交融形成了既有独特性又有整体性的民族特征。瑶族内部有许多支系，伍堡瑶就是瑶族支系之一的平地瑶的一种特殊类型。现在的伍堡瑶语言完全一致，风俗高度相似，内部凝聚力强，外部族群称他们为“瑶”，他们内部也一致认同自己的“瑶”的身份。然而，根据我们的调查，“伍堡瑶”是由不同族群组成的共同体，既有以十二姓瑶人为主的过山瑶，也有客家人以及民家人①。这些不同的族群为何能形成一个新的共同体？这是本书所关注的核心问题。

一个偶然的机会笔者阅读到了《上伍堡三宿总册底引》以及民国时期伍堡瑶的粮册等记载着诸多瑶族民间故事的历史文献。真没想到与自己近在咫尺的伍堡瑶还这样有故事和文化。由此，笔者产生了进一步了解伍堡瑶的想法。

笔者阅读《上伍堡三宿总册底引》获得的是一些零碎的文化记忆。同时，这也激发了笔者对伍堡瑶与周边过山瑶、梧州瑶族甚至汉族之间的交往交流交融机制的兴趣。笔者想以南岭走廊姑婆山北麓的上伍堡为田野

① 1258年，一支因战乱告别苍山洱海的云南大理“寸白军”，来到湖南省桑植县并定居。往后，大理白族在千里之外的桑植开枝散叶。因语言、服饰、民俗、建筑风格等皆与桑植当地土家族、苗族相差较大，这支族群一直被当地人称为“民家人”。资料来源：阮周围，张格. 花开两地 各生灿烂：湘滇白族延续700余年的情谊［EB/OL］.（2021-09-10）［2022-12-12］. https://baijiahao.baidu.com/s? id=1710523560410969839&wfr=spider&for=pc.

点，就其复杂的族群关系进行思考：伍堡瑶在形成过程中哪些因素起到了重要作用？其与盘瑶支系存在着一种怎样的血脉相连关系？伍堡瑶与其周边同样被称为瑶族的过山瑶族和梧州瑶族是怎样互动的？田野点以平岗宿的老车、上任、下任等几个村为主，也涉及旦久宿的白竹塘，竹子尾宿的牛路以及河路口、倒水湾、船岭脚等民家人居住地。上伍堡与广西的桂岭、富川交界，历史上曾经有九个隘口、三条古道通往广西，最有名的是潇贺古道。上伍堡与广西接壤处，都是瑶族聚居区。根据调查的需要，笔者到过广西富川的白沙、麦岭、福利等乡镇做过短期的考察。为了做文化上的比较，笔者在调查期间也曾到湖南江华的大关塘、两岔河的瑶族聚居区进行过访谈。

第一节　田野点概况

一、自然环境

江华瑶族自治县（简称“江华县”）位于湖南省的南部山区。江华瑶族自治县的西南与广西壮族自治区富川瑶族自治县相接，东部与广东省的连州市、连南瑶族自治县接壤，西与湖南省的江永县交界，北与湖南省的道县相连。江华瑶族自治县介于北纬 24°38′~25°19′，东经 111°25′~112°12′，南北长 76 千米，东西宽 75 千米，总面积 3 248.72 平方千米，约占湖南省总面积的 1.52%①。其中，山地面积占到 70%~80%，山的坡度在 40 度~50 度，海拔一般在 500 米以上，最高山峰为马鞍山，高达 1 846 米。江华

① 李祥红，任涛. 江华瑶族［M］. 北京：民族出版社，2005：2.

瑶族自治县境内八仙界、钩挂岭等山脉从南到北把全县天然地划分为两个区域，岭之西被称为岭西，以丘陵谷地为主，上伍堡就属于岭西；岭之东被称为岭东，以山区为主，平地较少，海拔在 1 000 米以上的河谷谷地仅占全县总面积的 2%左右。

江华瑶族自治县属于亚热带湿润气候，年平均气温 18.7℃，年平均无霜期 336 天，年平均降雨量 1 500 毫米，是湖南省三大暴雨中心之一[①]。

江华瑶族自治县境内主要的河流有东河和西河。东河也叫冯河、潇水，发源于东岭，潇水自南向北流经全县的东部山岭。西河河床浅窄，落差极大，自南向北纵贯全县的西部地带。东河通航，上通广东省，下通永州市、衡阳市、湘潭市和长沙市。东河、西河在江华瑶族自治县县城，汇合形成沱水，成为湘江的支流，往北汇入湘江。

江华瑶族自治县森林资源丰富。全县有林地 25.29 万公顷，林木绿化率达 73.12%，活立木总蓄积达 1 154 万立方米，自古以“杉木之都”享誉天下。江华瑶族自治县拥有国家保护的珍稀动植物 100 余种，其中珍稀植物有银杏等[②]。岭东以林业为主，岭西以农业为主。上伍堡矿产资源丰富，稀土藏量仅次于内蒙古的白云鄂博，拥有铅、锌、铁、钨、水晶等矿藏，是中国南方有名的“有色金属之乡”。

二、人文历史

战国时期江华属于楚国南部。长沙马王堆出土的军事地图和地形图里中，都标有江华的古地名“深平城”和“冯乘县”。万历年间的《江华县

① 李祥红，任涛．江华瑶族［M］．北京：民族出版社，2005：3.

② 李祥红，任涛．江华瑶族［M］．北京：民族出版社，2005：3-4.

志》关于江华的建置沿革有如下记录：

汉为冯乘县隶苍梧郡，魏吴晋俱隶零陵郡，隋唐临贺郡。唐武德四年改隶贺州后拆贺州迁于五宝之地仍改县属零陵，文明元年改县名云溪，神龙元年又迁于寒亭山之北以阳华岩之江南，故改名江华隶道州后隶永州。宋因之不改，元亦因之其。冯乘旧治在今治西南六十里贺州之富川县有冯乘市县也。

江华最早的县志是明代万历年间修的县志。在这部县志里面，明代的江华从建置上分六里、三所、三市。六里，即太平里、兴德里、大同里、从化里、兴贤里、安乐里；三所，即锦田所、枇杷所、江华所；三市，即车下市、涛圩市、锦田市。

清顺治二年（1645 年），李自成部将郝永忠驻守江华，自拥南明桂王抗清。清顺治四年（1647 年），江华开始纳入清政府版图，隶属于永州府（今湖南省永州市）。清康熙十七年（1678 年），吴三桂称帝，国号大周，江华属之。清康熙二十年（1681 年），三藩之乱平定，江华仍旧隶属于永州府。从雍正二年（1724 年）到 1913 年，江华都隶属于永州府。1914 年，江华隶属于衡阳道。1953 年，江华隶属于湘南行政公署。1954 年，江华隶属于衡阳。1955 年，江华瑶族自治县正式成立，属于零陵地区行政公署。

从清初江华行政归属看，江华瑶山尽管地处南岭一隅，却是政治军事斗争最激烈的地方之一。明亡后，李自成部将郝永忠等将领曾经借助江华的险峻山势抗清。清朝发生的多起瑶族起义，都波及江华瑶山。作为广东、广西通道的上伍堡地区更是族群关系复杂微妙的地方。

江华县的南面是广西壮族自治区贺州市的八步区，西南是广西壮族自治区贺州市的富川瑶族自治县，西北是湖南省永州市的江永县，北部是湖南省永州市的道县，东部与广东省的连州市、连南瑶族自治县以及湖南省永州市的蓝山县交界。与江华相交的县、市基本上都是瑶族聚居区。其所在的南岭山脉系列之丘陵和山区是费孝通先生所提出的“三大民族走廊”之一的南岭走廊的重要节点。

1955 年，为了成立江华瑶族自治县，政府把江华的几个汉族聚居乡镇划到了江永，并把县城定在远离经济中心的瑶族聚居区。1984 年，县城迁移到老县城沱江，从此江华的发展步入了快车道。1988 年，费孝通先生在参加广西壮族自治区成立 30 周年庆典后，到了广东省连南瑶族自治县，湖南省江华瑶族自治县、江永县等南岭山区考察。据随同人员回忆说，当时费孝通先生是想建议国家成立一个瑶族自治州的，州府初步设想是设在江华瑶族自治县的县城。现在，江华瑶族自治县在国家政策的扶持下，基础设施和重点项目推进加快，是永州市南部地区发展最快、最具活力的县。

上伍堡地处姑婆山北麓的山脚下，其东南西三面环山，北面是丘陵，中间是一个小平原。上伍堡又称三宿，即平岗宿、旦久宿、竹子尾宿。其中，旦久宿又分为上半宿和下半宿，1995 年撤区并乡之前，分别隶属于上游乡和河路口镇。现在，江华瑶族自治县河路口镇与涛圩镇交界处的 22 个村委会是纯瑶族聚居区，伍堡瑶人口接近 4 万人。上伍堡的水田以涛圩镇八田峒的长沙卷烟厂万亩烟田基地名气最大，旱地以湖南省现代农业基地牛牯岭的影响力最大。这两个基地现在都成为江华瑶族自治县农业开发的品牌和形象代表。

关于上伍堡的伍堡瑶的来历，明万历年间的《江华县志》里只有一句话，即“上五堡乃平地瑶也”。清雍正年间编写的《江华县志》关于平地瑶族的来历有如下记载：

竹子尾宿、旦久宿、平岗宿三宿俱在上伍堡，属伍堡瑶也。明洪武初年，瑶老李东仂等十七户口，三百余名，原系县令周于德申文准令协同百户韩恩招抚下山，准买大同乡民田秋粮壹百肆拾壹石三斗零为业，编户四十有五，逐年照石数纳银在官。每宿检点一人为千户长，又立瑶老，县给贴示约束众瑶以任弹压之责。凡有征调，唯听韩恩后裔遣使。隆庆年间，有流寇来劫锦田，功败敌散，幸解十八寨之围。由此每年县给牛、酒、花红犒之。

清雍正年间的《江华县志》关于平地瑶的记载比明万历年间的《江华县志》详细了很多。我们暂且不去考证此记载是否符合历史事实，但其给予了我们许多有用的信息。例如，李东仂等瑶老与县令周于德、百户韩恩关系融洽。上伍堡平地瑶已经取得明王朝户籍，开始纳税；上伍堡瑶人的社会组织实行的是“千户长”和“瑶老制”并行的制度；上伍堡瑶族为封建王朝立过功劳，受过嘉奖。

上伍堡瑶族世代珍藏的《上伍堡三宿总册底引》前言部分是这样记载自己的族源历史的：

江华县，古冯乘地也。原有七乡三十四里，八百余户，遭狄都指挥使过杀人民，田地抛荒，银钱粮俱无。洪武二年（1369 年）设江华县，至二十八年（1395 年）有蒋子槽，俱奏江华县死绝五百余家，学田民未（米）八百一拾七担九斗五升。连荒抛旧地，圣上命永州府通判苏。奉上榜。

永乐二年（1404 年）归并四里，有民蒋复春、唐斗享、奉富四、唐养仂、李东仂等，俱奏江华县上五堡每时行却，荒田未种。宣德二年（1427 年）八月二十，奉富四、唐养仂、李东仂右领壹拾柒户等，奏告诛征安抚，设立上伍堡三条九隘拨徭把守，与民蒋复春、唐斗享合立户籍。

景泰三年（1452年）撰造皇册，军造一图，着武守城，民造二图自当差，徭造三图，把守三条九隘。为州县藩篱经过。上伍堡派流壹百里徭岗，东至岭东，南至贺县，西至富川，北至县城，俱系边连接贼巢①。

《上伍堡三宿总册底引》是上伍堡三宿的纲领性和权威性文献。据老人们说，《上伍堡三宿总册底引》集中记录了上伍堡的来源及之后的垦荒史。《上伍堡三宿总册底引》对17户人家定居之后的习俗规定和各种田亩分布、17户乃至后来的44户人家的分宿居住、田地归属及发生的大事都有详细的记录。《上伍堡三宿总册底引》由奉、唐、李三位户长每户一册。《上伍堡三宿总册底引》是后人根据人口和田地、山场的变化，对《上伍堡三宿总册底引》的一种续写，每一户的续写前言部分都要把三宿的来源及其主要历史加以记载。因此，尽管书写《上伍堡三宿总册底引》的人不一样，时代也不同，但其前言部分是一样的。《上伍堡三宿总册底引》的记录基本上是可靠的。我们发现，《上伍堡三宿总册底引》记载的伍堡瑶的历史与《江华县志》的记载不一样。首先是迁徙到上伍堡的时间有差异。根据《江华县志》的说法，以17户人家为首的瑶族达到上伍堡的时间是明洪武二年（1369年），而《上伍堡三宿总册底引》记载的时间是明永乐二年（1404年），两者相差了35年。关于到达原因的记载也有出入。《江华县志》中的记载是17户人家到达上伍堡的原因是被招抚下山，而《上伍堡三宿总册底引》的记载却是17户人家看到上伍堡荒田太多，没有人耕种便过来耕种的。这些差异是由于书写之人造成的，但由于历史久

① 《上伍堡三宿总册底引》是三宿各户根据自己所在户的基本情况，对"总户册"的一种补充和再写。奉氏头户长的《上伍堡三宿总册底引》现保存在旦久宿汉冲村奉兴朝家中。

远，我们也无法考证孰是孰非。值得欣慰的是，这些不同之处并没有也不会造成我们理解伍堡瑶的障碍。

第二节　理论概述

一、族群关系理论

瑶族是一个不断被迫迁徙的民族。在迁徙的过程中，难免与其他民族进行互动与融合。在此过程中，其族群性不断发生局部变化，族群边界由清晰走向模糊，又从模糊变为清晰，如此反复循环。族群研究的相关理论，如族群性、族群认同、族群关系等对本书考察南岭走廊姑婆山北麓的伍堡瑶与其周边族群的互动具有指导意义。

1. 族群关系与族群认同

“族群”一词最早在20世纪30年代开始使用，被用来描述两个群体文化接触的结果，或者是从小规模向更大规模转换过程中产生涵化现象。二战以后，“族群”被用来取代“部族”（tribe）和“种族”（race），运用范围更加广泛[①]。国内外学者结合自己的学术经历和研究背景从不同的维度对族群进行了界定。根据周大鸣的说法，最具有代表性的族群的定义主要有马克斯·韦伯的定义、《麦克米伦人类学词典》的解释、《人类学词典》（吴泽霖主编）的解释、内森·格莱泽和丹尼尔·P. 莫尼汉（Nathan Glazer & Daniel P Moynihan）的定义、弗雷德里克·巴斯（Fredrik Barth）的定义、《哈佛美国族群百科全书》的定义以及学术界的基本共识[②]。

① 周大鸣. 论族群与族群关系［J］. 广西民族学院学报，2001（2）：13.
② 周大鸣. 论族群与族群关系［J］. 广西民族学院学报，2001（2）：13.

族群是个历史范畴，不同的学者有不同的看法。上述学者对族群的定义都言之成理，有的强调可识别的客观性，有的强调群体之间构建的文化社会边界，有的侧重主观性。其中，马克斯·韦伯的定义强调族群语言、文化的内部共同特征，集体质人类学的客观性与社会文化学的主观性于一体。挪威著名的人类学家弗雷德里克·巴斯则看到了族群的排他性和家园性。他认为，族群是由其本身组成成员认定的范畴，形成族群最主要的原因是“边界”而非语言、文化、血缘等“内涵”；一个族群边界，未必是地理边界，而主要是“社会边界”。之后，社会文化学家们认识到族群的根本意义在于，它是一种社会建构物，是社会强加于某一人群的社会边界制度。安德森认为，族群是一个想象共同体，内部成员坚信他们共享的历史、文化或族源，而这种共享的载体并非历史本身，是他们拥有的共同的记忆。也就是说，安德森把族群视为一个具有可识别性的文化单位。

族群作为一个文化单位，有区别于其他文化概念的内在规定性，即族群性。有多少个不同的关于族群的定义就有多少种不同的族群性概念。学术基点的不同，对族群性的理解也不一样。《麦克米伦人类学词典》对族群性的解释如下：族群的关键特征是指对任何群体或类别的人进行可区分或标识，并且将被识别的群体与其他群体或类别的人之间做明确的或含蓄的对比。这里强调的是诸如肤色、毛发、体型等从外表上就容易区分开来的生物性特质。在瑶族中，区别一个瑶族群体属于哪一个支系，在 20 世纪 80 年代以前，从服饰上就可以看出。传统的服饰被时髦的衣着打扮取代以后，服饰这个人类的第二皮肤逐步被模糊和趋同化了。目前，人们主要是从语言上对不同的瑶族支系进行区分。

族群认同，即社会成员对自己族群归属的认知和感情依附。关于族群认同的理论主要有三：一是根基论。其代表性人物是西尔斯、格尔兹。根基论者认为，族群的情感纽带是“原生的”，甚至是“自然的”，是基于语言、宗教、种族、民族属性和领土的“原生纽带”。二是工具论。其代表性人物是德斯皮斯、哈尔德、科恩等。工具论者主张将通过社会、政治、经济形象以及经济、政治资源的竞争与分配来解释族群的形成、维持与变迁。三是巴斯的边界论。巴斯宣称，形成族群最主要的是“边界”，而非语言、文化、血统等“内涵”。实质上，这三派理论主张，既不互相矛盾也不互相拒绝。工具论者吸收了根基论者的文化特征要素，边界论者借助根基论者的文化特征来构建族群边界，他们是从不同的维度探讨族群的本质。他们的理论主张在不同的场合发挥着不同的作用，共同构建了族群认同的立体式理论框架。

2. 同化理论

周大鸣从国际视野出发，在吸收国际族群研究最新成果的基础上，整理出六种族群关系理论：同化理论、文化多元理论、生物学理论、人文生态理论、权利和分层理论、整合的族群关系理论①。其中，同化理论和文化多元理论对学术界的影响较大，是解释复杂的族群现象的有效工具。

同化理论起源于早期美国社会学家罗伯特·E. 帕克（Robert E. Park）的“种族关系循环论”（race relation cycle）。帕克长期关注美国黑人与白人、移民与土著之间的互动关系。他把原本或陌生或敌视的个体与群体之间的相互渗透和融合的过程视为历史的历程，即个人从其他群体中获得记忆、情感、态度和共享群体之经历、历史的过程。

米尔顿·M. 戈登（Milton M. Gordon）也是一位运用同化理论研究美

① 周大鸣. 论族群与族群关系［J］. 广西民族学院学报，2001（2）：13-25.

国族群关系的学者，他对帕克的理论进行了完善。在《美国社会生活中的同化》一书中，戈登把族群关系分为三个重要的历史阶段，因此其理论又被称为三阶段理论。戈登认为，第一阶段的接触是竞争性的，体现在对各种资源的占有上，其结果是主体民族占优势，影响着同化的方向；第二阶段是不稳定阶段，也就是所谓的“大熔炉”，各个不同文化背景的群体在美国的政治经济体制下，在主流文化的渗透影响下融合成一个全新的“美国人”；第三阶段是美国转而进入“文化多元”的族群关系时期[①]。同化理论对解释姑婆山脚下的上伍堡的伍堡瑶的形成以及与周边族群的互动关系具有一定的启发意义。

3. 族群涵化理论

文化涵化（acculturation）是人类学者观察思考特定区域的不同文化背景的族群在接触过程中变化轨迹的一种理论视角。雷德菲尔德、林顿、赫斯科维茨等人在 1935 年出版的《涵化研究备忘录》中就涵化的定义、发生机制、传播途径以及文化变迁都做了阐释。赫斯科维茨运用涵化理论对海地人的文化进行研究后发现，当地族群文化的形成是非洲传统文化与法国殖民地文化相互作用与融合的结果。

当无文字的弱势群体与强势的族群相遇时，弱势群体的文化是消失还是以变异的形式出现？强势群体的文化是否会因此发生改变？这些人类学者在研究特定区域的族群中非常关心的焦点。诺曼·A. 钱斯（Norman A Chance）以自己在美洲因纽特人中长时的田野调查资料对此问题作出了回应。他发现，在与西方强势文化的接触中，尽管因纽特人的文化迅速发生

① MILTON M GORDON. Assimilation in American life：The role of race，religion，and national origins［M］. New York：Oxford University Press，1964：71.

变化，但并非被动的，因纽特人的文化也体现出了积极适应的一面。就此现象，钱斯给出的解释是：因纽特人是男性主导的社会，他们拥有良好的文化适应能力，能弥补女性较弱的文化适应能力，从而保证了与当地社区、文化的整合①。钱斯的民族志研究对笔者的研究有一定的借鉴作用。姑婆山北麓的伍堡瑶也是无文字的群体，相对于当地的梧州人和民家人来说，他们属于弱势一方。在与周边族群交往过程中，他们不断借助汉文化工具，如用汉字书写契约等。在这些族群活动中，他们采取的是主动适应的方法，将汉文化作为一种资源来为本族群服务。

4. 文化多元理论

我们以美国现有的族群反观族群涵化理论就会发现，美国人所期待的文化涵化并没有发生，随着“熔炉政策”的推行反而形成了一个个“族群飞地”，这就为文化多元理论的产生提供了现实基础。文化多元理论的代表性人物主要有内森·格雷泽（Nathan Glazer）、坎特罗威茨（Kantrowitz）、菲利普·P. 雷斯（Philip E Leis）等。格雷泽自 20 世纪 60 年代起对居住在纽约的黑人、波多黎各人、犹太人、意大利人和爱尔兰人五个族群进行了几十年的持续研究。他最后得出的结论是：纽约文化的现状是文化的多元化②。坎特罗威茨在纽约和波士顿就族群居住格局进行研究后认为，族群间的分区居住是族群隔离模式的一种延续，也在客观上促成了族群的多元化。族群间的边界分为可识别的地理边界和抽象概念化的文化边界两类。姑婆山北麓一带虽然居住着几个族群，尽管他们之间也有经济往来和

---

① NORMAN A CHANCE. Acculturation, self-Identification, and personality adjustment [J]. American Anthropologist, 1965, 67 (2): 372-393.

② NATHAN GLAZER. “Beyond the melting pot” twenty years after [J]. Joural of American Ethnic History, 1981, 1 (1): 43-55.

文化互动，但他们之间的区分是非常明显的。文化多元理论在一定程度上有助于我们分析姑婆山北麓这一带复杂多元的族群关系。

二、南岭走廊研究

伍堡瑶所在的位置地处南岭走廊萌渚岭山脉之一的姑婆山南北两麓交界线上。自古以来，这里就是中原各省由岭北进入岭南的主要通道。研究姑婆山北麓的伍堡瑶可以为南岭走廊的族群研究提供一个丰富的个案研究范例。

费孝通先生最著名的学术成果之一就是“民族走廊”学说的提出。他提出“南岭民族走廊”的初衷就是要解决瑶族调查与民族研究的问题。从地理空间上说，南岭走廊西接武夷山东连云贵高原，长江珠江流域诸多河流发源于此。就行政区域来说，南岭民族走廊包括了广东的韶关，广西的桂林、贺州、梧州，湖南的永州、郴州、邵阳以及江西的赣州。1981 年 12 月，在中央民族研究所座谈会上，费孝通先生说：“今天我想同大家研究一下，我们的瑶族调查下一步怎么搞，想征求大家的意见，商量商量。这两年已有三个同志去瑶山调查几个月，我也跑了两趟。我们有了新看法，对一些问题比较清楚了一些，可以提出来谈一谈。”① 这次座谈会的主题是总结以往瑶族研究的成绩，安排下一步到广西大瑶山做什么和怎么做的问题。南岭民族走廊的起点在费孝通先生看来就是大瑶山。对民族走廊的研究是作为费孝通先生主张的宏观调查的组成部分提出来的，与大瑶山五个瑶族支系的微型调查是有机的结合。由此看来，南岭民族走廊是一个民族文化的概念，而不像有的学者所主张的那样是一个地理区域的概念。在

① 费孝通. 六上瑶山［M］. 北京：中央民族大学出版社，2006：166.

《瑶山调查五十年》这篇文章中，费孝通先生在展望瑶族研究的未来时说："也希望能从近年来的大瑶山调查开始，发展成为以南岭山脉的民族走廊为主的综合性调查。"① 在费孝通先生看来，南岭民族走廊只是一个工具，是一条认识瑶族、了解瑶族、服务瑶族的学术途径，其指向是为瑶族调查和瑶族研究服务的，并在此基础上进一步了解苗、侗、畲、壮等南方山地民族。

作为学术概念的"南岭走廊"出现得比较晚，但南岭走廊的研究早就已经开始。1928 年，颜复礼和商承祖受蔡元培的委托，赴广西凌云瑶族地区进行民族学田野调查。1929 年，他们出版了《广西凌云瑶人调查报告》，这是国内较早融入田野调查的民族志。王同惠女士于 1935 年与丈夫费孝通先生一起赴南岭走廊广西大瑶山进行瑶族田野调查。在此期间，王同惠女士不幸身亡，但他们的田野调查为费孝通先生含悲写就人类学经典《花蓝瑶社会组织》提供了扎实的一手材料。

1930 年，中山大学生物学系师生一行 12 人对广东韶关北江瑶山进行调查，撰写了《广东北江瑶山初步调查报告》。1936 年和 1941 年，中山大学杨成志先生先后带领研究生对广东乳源瑶山进行了田野调查，其调查成果先后在《民俗》上以《广东北江瑶人调查报告专号》《粤北乳源瑶人调查报告》专刊形式发表。此后，中山大学和岭南大学持续对南岭走廊的族群展开田野调查，以《民俗》《中山大学语言历史研究所周刊》《岭南科学》为阵地发表了一大批有影响力的田野调查报告和学术研究成果。

20 世纪 80 年代以后，费孝通先生身体力行，先后四次进入金秀瑶山对他调查过的瑶族进行回访。在此基础上，费孝通先生提出，以解剖麻雀

① 费孝通. 六上瑶山［M］. 北京：中央民族大学出版社，2006：216.

似的微观方法研究南岭走廊各瑶族支系，在此基础上运用类型比较方法进行区域性的宏观研究。在他的提议下，胡起望和范宏贵于20世纪80年代初对大瑶山盘瑶支系进行微观研究，并写出了研究瑶族的经典之作——《盘村瑶族》。在该书中，他们着重展现了盘瑶社区从封闭走向开放的社会变迁过程。杨鹤书等于1984年赴粤北连南八排瑶地区就八排瑶的亲属制度、社会与政治制度进行田野调查，出版了专著《八排文化——八排瑶的文化人类学考察》。改革开放后，瑶族研究专家法国人雅克·列穆瓦纳（Jacques Lemonie）、日本人竹村卓二、吉野晃以及我国著名的学者乔健、谢剑等先后前往南岭走廊进行以瑶族为主的民族调查研究。

20世纪末，人类学南岭走廊的研究主题在秉承传统的研究脉络之中又有所创新。例如，黄淑娉的《广东族群与区域文化研究》、周大鸣的《珠江流域的族群与区域文化研究》都对南岭走廊区域内的族群互动关系进行了系统且有创见的研究。

简要回顾南岭走廊的研究我们会发现，研究南岭走廊的主力军是中山大学人类学系的师生，中山大学有着研究南岭走廊的优秀传统，这种传统至今未衰。据麻国庆统计，2000—2011年的11年间，中山大学以南岭走廊为田野点形成的硕士论文和博士论文就有23篇，中山大学人类学系师生研究南岭走廊的力度仍旧不减。此外，南岭走廊的研究呈现出生物学、考古学、历史学、人类学等学科齐头并进的良好趋势。

三、瑶族研究概述

古老的民族与悠久的文化相辅相成。瑶族在与自然环境相抗争中产生了自己独特的文化。文化不仅是瑶族的精神食粮，更是他们适应社会、融人环境的手段和工具。历代封建王朝的文献中都有关于瑶族文化的零星记录，内容涉及民族起源、历史进程中的迁徙、物产与民风、社会生活与文化。

对瑶族的调查与研究始于20世纪初，几乎与现代民族学从西方传入中国同步。回顾瑶族研究的学术史脉络可以发现，人类学、民族学传入中国后，瑶族是最早引起受过系统训练的学者们注意的民族之一。人类学、民族学学科史上研究瑶族是从广西和广东的瑶族开始的。

或许是受地理位置的影响，对广东粤北瑶族的研究始于中山大学的师生。1928—1937年，中山大学不同学科的师生四次对粤北瑶族进行了调查。其中，1936年杨成志教授带队的北江瑶人考察团所做的民族学调查收获最为丰厚。杨成志教授带领文科研究所的研究生王兴瑞、江应樑以及文学院史学系的学生罗比宁、李秋云、刘伟民等人组成八人北江瑶族考察团，主要对曲江、乳源、乐昌等地的瑶族进行深入的考察，内容涉及瑶族历史、宗教信仰、经济生活、社会文化等。

中山大学对瑶族的研究传统被人类学系的师生自觉传承了下来。中山大学师生对瑶族的研究脚步始终没有停过。1988年，黄淑娉、龚佩华到广西贺州地区进行考察。由龚佩华执笔写成的《广西贺州土瑶的社会和文化》为我们展现了土瑶这支几乎被人遗忘的特殊族群。杨鹤书等的《八排文化——八排瑶的文化人类学考察》、周大鸣的《瑶族双寨——广西凌云县背陇瑶和蓝靛瑶的调查与研究》等都是具有很高学术价值的著作。

对广西瑶族的研究也是近现代以来瑶族研究的热门。1928年，颜复礼、商承祖到广西凌云县北部调查瑶族，将他们的调查成果《广西凌云瑶人调查报告》于1929年发表。该报告包括红头瑶、蓝靛瑶、盘古瑶和长发瑶四个支系，内容涉及始祖来源、社会环境、宗教信仰、生产生活实践、婚姻和亲属制度等，这是国内最早的瑶族民族志之一。

1935 年，金陵大学的徐益棠教授从法国留学回来不久，就进入广西的象平县瑶族居住区域进行实地调查，调查范围涉及茶山瑶、花蓝瑶、坳瑶、板瑶、山子瑶。调查形成的成果有《广西象平间瑶民之宗教及其宗教的文献》《广西象平间瑶民之村落》《广西象平间瑶民之占卜符咒与禁忌》《广西象平间瑶民之法律》《广西象平间瑶民之村落》《广西象平间瑶民之饮食起居》等，内容涉及象平瑶族的村落分布、社会组织、人口状况、人员构成和日常饮食。

费孝通先生与妻子王同惠女士在大瑶山的调查研究使瑶族研究引起学术界最大程度的关注。1935 年 10 月，费孝通先生受导师石禄国的安排，在出国前到大瑶山对当地瑶族进行体质测量，其新婚妻子王同惠女士则在花蓝瑶、坳瑶瑶区进行社会组织调查。1935 年 12 月，他们在转移调查区域时，由于迷路，费孝通先生误入诱捕野兽的陷阱而受伤，王同惠女士出林求救，不幸遇难。费孝通先生根据王同惠女士的遗稿，忍痛写成了《花蓝瑶社会组织》一书。该书分家庭、亲属、村落、民族关系四个部分共计六章，对花蓝瑶的亲属制度、婚姻关系、文化习俗、社会结构、族群互动、宗教信仰等进行了详细介绍。该著作材料翔实、语言简练生动成为瑶族研究的经典之一。大瑶山留给费孝通先生的不仅是身体的苦难和沉重的记忆，还有一份难以割舍的民族感情，尤其是对瑶山、对瑶族发展的那份深情。费孝通先生一生六上瑶山，他的学术生涯是从大瑶山研究开始的，他的诸多在学术界引起极大反响的学术成果都可以从他的瑶山研究中找到原型。考虑到上伍堡地处南岭走廊的交通要道，本书的研究也可以列入对南岭民族走廊的研究的范畴。费孝通先生的南岭民族走廊学说是他在长期对南岭瑶族尤其是大瑶山社会历史调查和研究的基础上提出的，涉及南方壮侗和苗瑶两大语族的十多个民族。费孝通先生试图以南岭民族走廊为研究阵地，以之为学术窗口，思考“多元一体”的中华民族文化。

本着“认识社会，改造社会”的目的，费孝通先生除身体力行研究瑶族社区、探索瑶族文化之谜外，还安排鼓励和支持他的学生持续对大瑶山进行研究。学术研究重新获得自由空气后，费孝通先生一批又一批的学生深入大瑶山的每一个角落，从各个层面多角度进行着瑶族研究，这种风气至今未衰。20 世纪 80 年代，随着民族学、人类学在中国的恢复，瑶族研究也进入了一个新的阶段。受费孝通先生的安排，胡起望、范宏贵到大瑶山进行了为期一年的田野调查，并于 1983 年出版了《盘村瑶族》。他们以“从游耕到定居”为主线，探讨了盘瑶从封闭到开放过程中社会文化的变迁规律。该书成了瑶族研究的一部经典民族志。费孝通先生关于瑶族的研究一直有一个想法，就是从微型研究开始，对大瑶山的五个瑶族支系分别做深入细致的调查，之后运用比较的方法从整体上、从宏观角度研究大瑶山的瑶族，以期对瑶族的形成做出合理解释。费孝通先生及其后继者对大瑶山瑶族的研究一直没有停止。大瑶山是瑶族研究的理想区域，但不是瑶族研究的全部。大瑶山是南岭走廊的起点，可南岭走廊还有更宽阔的空间。1988 年，费孝通先生参加广西壮族自治区成立 30 周年庆典后，曾经到了粤北的连山、湘南的江永和江华等瑶族居住区考察。由于时间仓促，他没有对这些地区进行深入的实地调查。在官方的安排下，费孝通先生参加了座谈会，提出了“南岭经济协作区”的想法。

相对于广西瑶族和广东瑶族研究的繁荣而言，湖南瑶族研究则相对沉寂很多。中华人民共和国成立之前，对湖南瑶族的研究几乎是一片空白，这与湖南作为瑶族主要聚居区的地位是不相称的。瑶族在由北往南迁移进入两广地区的时候，湖南则是一个中转站。现在，广东、广西的瑶族很多都是从湖南的道县、江永以及江华迁移过去的。从 1956 年开始，中央访问团深入湖南瑶山，就民族语言、民族社会、民族历史、民族民间文学做了几次大规模的社会调查。其标志性成果就是《湖南瑶族社会历史调查》的出版。该书由湖南瑶族社会历史调查、江华瑶族自治县瑶族社会历史调查以及江华瑶族自治县濠江乡荆竹园村调查三部分组成。该书对湖南瑶族的风俗习惯与文化、历史上的瑶民起义以及中华人民共和国成立前后瑶族的社会经济结构和政治制度做了详细调查，为后人留下了一批宝贵资料。改革开放以后，湖南的一批瑶族本土学者成长了起来，这才极大地推动了对湖南瑶族的研究向纵深发展。例如，李本高对“过山榜”的研究、郑德宏对“盘王大歌”的收集整理、杨仁里对江永民瑶的研究、李祥红和郑艳琼对奏铛的田野调查都取得了标志性的成果。局限于学术背景，这一批学者尽管有很深厚的考据能力、吃苦精神以及对本民族文化的真挚情感，但他们的研究大多是一些文献资料的整理收集以及表层的梳理，对蕴藏在瑶族文化背后的结构关注不多。

学术界对湖南瑶族的研究较少，对平地瑶的研究就更少了。广西师范大学赵玉玲的硕士论文《平地瑶文化研究》讲述了伍堡瑶出现的历史背景、生存环境、婚姻文化、物质文化、宗教信仰、民间文学等，浮光掠影似的为我们展现了广西东部伍堡瑶文化的情况，但没有做深入的剖析。《江华的过山瑶与伍堡瑶》（李农妹）、《浅谈过山瑶与平地瑶之异同》（任涛）、《平地瑶出现的历史背景与称谓及时间考略》（盘福东、赵天明）等文章立足于平地瑶与过山瑶的异同进行了比较，期望在比较中展现出伍堡瑶的文化特色。他们的文章都有一个基本的理论预设，那就是平地瑶是过山瑶的一支，两者的文化基本类似，同大于异。

相对于学术界对平地瑶的遗忘，上伍堡的地方文化精英却在不遗余力地收集整理伍堡瑶的文化。其中，比较有价值的是退休老干部奉兴朝撰写的《伍堡志》（手抄本）。奉兴朝告诉笔者，该书花了他 15 年的时间，他从退休后就一直开始收集资料，撰写该书了。奉兴朝对本民族文化的这种痴情让人敬佩不已。这本《五堡志》收集了一些族谱和流传于本地的故事传说，保存了一些有用的数据，在一定程度上呈现了上伍堡瑶族的历史文化。遗憾的是，该书基本上按照《江华县志》的模式撰写，有意识地把伍堡瑶与过山瑶合在一起，模糊两者的边界。该书中收集了诸多流传于过山瑶的《过山榜》牒文，关于盘瓠的传说也是摘抄于《江华县志》。该书增加的上伍堡大事记、上伍堡人物传记都受到《江华县志》的深远影响。该书把伍堡瑶的信仰与过山瑶的盘王信仰结合在一起更有些牵强。此外，李克勇编辑的《盘王青史》中的材料有一部分是他父亲摘录的《伍堡总册》里面的有关内容，具有一定的参考价值。但是，李克勇撰写的态度有些随意，想象的成份较多。

上伍堡位于南岭走廊的交通要道，在秦始皇征服百越的时候，这里就有一条通道进入两广地区，即潇贺古道。现在，上伍堡还保留了三条进入广西的古道，除潇贺古道外，还有冯乘古道和姑婆山茶马古道。自明洪武年间上伍堡瑶族从千家峒迁居此地后，他们的一个主要任务就是守卫“三条九隘”。这九个隘口都处在湖南与广西的交界处，也是进入南岭的天然险道。上伍堡自古以来就是中原汉族从陆路进入两广地区的重要通道，也是南方民族关系最为紧张和微妙的区域之一。不管是从民族研究来说还是从地域研究来看，上伍堡瑶族的研究范围都可以列入费孝通先生提倡的南岭民族走廊范畴。因此，研究上伍堡区域不同支系的瑶族文化，可以在一定程度上解开费孝通先生一直以来的“瑶族猜想”之谜，也可以为费孝通先生力主的宏观与微观相结合的社区研究方法提供丰富具体的个案。

第三节 研究方法

一、历史人类学的方法

伍堡瑶是一个历史文化概念，是特定历史文化语境下产生的文化共同体。现在的伍堡瑶尽管在语言、宗教信仰、节日习俗等方面还保留了一些瑶族的文化特征，但总的趋势是越来越趋同于汉族。

从明洪武年间迁徙到姑婆山北麓的伍堡之境后，伍堡瑶至今已有600多年的历史了。历史是一条长河，谁也无法置身其外。在历史的风雨中，伍堡瑶历经了太多的苦难和坎坷。由于史籍的缺乏和物是人非，我们已经无法历时性地重构伍堡瑶的历史。然而，幸运的是，从明万历年间开始，伍堡瑶就已经被官方所注意。明万历年间的《江华县志》零星提到了伍堡瑶。之后的清代《江华县志》对伍堡瑶有了更多的记述，零星的清代碑刻、部分文化人保存的手抄本文献和族谱也给我们了解这个坚韧的民族带来了曙光。根据这些文献加上在历史田野中的口述史材料，我们总体上可以把伍堡瑶的社会发展依据历史年代分为以下几个阶段：

第一阶段：明代——伍堡瑶的形成与发展时期

从大庙的碑刻以及部分现存的文献来看，以17户为主体的盘瑶迁徙到伍堡之境后，开始遵循的文化习俗和社会组织都是盘瑶传统文化那一套。例如，他们把《过山榜》的内容刻在碑刻上作为 17 户的行为准则予以坚定不移地遵守和执行。在社会组织上，"瑶老"和"神长"仍旧起着决定性的作用。直至 44 户聚齐，他们通过垦荒拥有土地，入籍成为合法民众且纳税而不服役后，才开始在社会组织、宗教信仰以及文化教育上实现转变。作为一个族群，其整体属性才开始凸显并被官府和周边族群认可。

第二阶段：清代——伍堡瑶的巩固时期

李自成余部郝永忠以及后来的吴三桂拥兵自重，借助南部山区天然屏障抗清，江华县直到清康熙年间才被纳入清朝的版图。此时，清王朝已经进入鼎盛时期，政治清明、经济发达、文化繁荣，康乾盛世时期执行的一系列政策都影响到了姑婆山北麓的伍堡瑶。尤其是三宿书院的修建和开办为伍堡瑶培养了一批文化精英，为伍堡瑶的持续发展奠定了基础。

第三阶段：民国时期——伍堡瑶的稳定时期

民国时期，虽然社会动荡不安，但民国政府在文化、政治、经济、军事上采取的一系列政策都在伍堡瑶地区得到执行和体现，从此后伍堡瑶进一步与政府联系在一起，曲折地或主动或被动地纳入了现代化的进程。

第四阶段：中华人民共和国成立以后——伍堡瑶的现代化发展时期

中华人民共和国成立后的一系列改革使伍堡瑶社会发生了前所未有的变化。20 世纪 50 年代开始的土地改革运动极大地改变了他们的社会结构。定居上伍堡 600 多年来，大多数伍堡瑶民众都通过垦荒和买卖土地拥有了个人的土地，并积累了一定的财产，随着土地改革运动的进行，他们中的大多数人的土地被分割了。

1955 年，通过湖南省民族事务委员会的调查和认定，伍堡瑶的"瑶族”身份被恢复，他们被认定为“平地瑶”。在党和国家民族政策的润泽下，伍堡瑶的社会发展进入了快车道。

20世纪90年代的“民工潮”的兴起后，与珠江三角洲毗邻的伍堡瑶得粤港澳风气之先，大量的年轻人甚至中年人都离开故土，开始变成“农民工”。伍堡瑶民众凭借坚韧的性格、为人的诚实，颇受用人单位的青睐。务工不仅带给他们相对充裕的资金流，还改变了他们的思想观念，为伍堡瑶在全球化语境下更快更好地发展提供了动力。

二、参与观察和深度访谈法

人类学区别于其他学科的标志之一，就是参与观察和深度访谈。参与观察是指研究者生活于研究对象中间，通过日常生活中的密切交往来了解研究对象的文化形状及其内部深层次的原由①。为实现真正参与观察，研究者要与研究对象同生活、同劳作、学习他们的语言、参与他们的仪式、走访他们的家庭。通过参与观察，研究者得以观察研究者对象是否实话实说②。

当笔者选定上伍堡三宿瑶区的伍堡瑶为研究对象的时候，笔者起初是居住在河路口镇财政所的单位宿舍里，后来出于进一步深入调查的需要，住进了被瑶族村落包围的一个完全小学。笔者采取开放性访谈和半结构式访谈了解伍堡瑶的文化，访谈对象基本上是老人和妇女，因为绝大多数年轻人都外出务工了。

---

① 彭兆荣. 摆贝：一个西南边地的苗族村寨［M］. 北京：生活·读书·新知三联书店，2004：151.

② SCHWARTZ，HOWARD，JERRY JACOBS. Qualitative sociology：A method to madness［M］. New York：Free Press，1983：46.

三、跨文化比较法

民族学自产生之日起，就以异文化为研究对象，这一传统至今仍在延续。由于田野点居民的文化与调查者固有文化有较大的差异，研究者往往会将田野点的文化与自身习得的文化进行比较。伍堡瑶这一族群的组成是多元的，其主体是盘瑶。本书研究的重点就是通过比较盘瑶与伍堡瑶的文化之间的异质性，考察伍堡瑶与过山瑶相比发生了什么变化、其原因是什么，并以此思考伍堡瑶形成的历史过程和制约因素。

第一章
伍堡瑶的族源历史

平地瑶是他称，是周边民家人对居住在湘桂走廊丘陵山谷瑶族的称呼。山上的高山瑶叫他们伍堡瑶，伍堡瑶人也自称为伍堡瑶。有学者根据伍堡瑶的语言对该支系的瑶族进行了界定："爷尼、爷贺尼、炳多优为伍堡瑶的自称，意为'瑶人''瑶话人'。"① "伍堡瑶"一词出现的具体时间很难考证。现存最早记录伍堡瑶的历史文献是明万历年间（1573—1620 年）的《江华县志》，也就简单的一句"上伍堡乃平地瑶也"。明初，伍堡之境已经纳入明王朝的版图，这从明隆庆年间（1567—1572 年）的《永州府志》对"云溪庙"的记录中可以看出。明初，江华县的县府就在五堡境内的涛圩市。同时，我们从《江华县志》的舆图看，上伍堡一带已经纳入了明王朝的版图。平地瑶除分布在姑婆山北麓的上伍堡外，还分布在湘桂走廊的其他一些丘陵地带。"连片居住在湘桂交界处的江华、江永和富川、恭城这一狭长地带内，这里是平地瑶的'大本营'。"② 此外，南岭走廊九嶷山下的宁远、蓝山等地也有平地瑶的分布。因此，我们从南岭走廊的整体视野出发，就上伍堡平地瑶的族源进行探究。

本章的主旨是借助伍堡瑶现存的文献，参考部分地方志，在田野调查的基础上从民族交往、交流、交融的视野集中讨论伍堡瑶的结构及族源历史。

第一节　伍堡瑶的族源

一、瑶族族源研究回顾

学术界有关瑶族的历史，特别是瑶族的族源问题，可以说是众说纷

---

① 李祥红，任涛．江华瑶族［M］．北京：民族出版社，2005：17.

② 任涛．湘桂边界平地瑶述略［J］．民族论坛，1996（4）：81-86.

纭。言及瑶族族源，我们不得不提及的著作是南北朝时的《梁书·张绵传》。《梁书·张绵传》记载如下：

（湘）州（今湖南长沙）界零陵，衡阳等郡，有莫徭蛮者，依山险为居，历政不宾服。

这是中央王朝正史中第一次出现“莫徭”的概念。之后的《隋书·地理志下》更为详细地记载如下：

长沙郡又杂有夷蜒，名曰莫徭。自云其先祖有功，常免徭役，故以为名。其男子但着白布裤衫，更无巾衣夸。其中女子青衣衫，班布裙，通无鞋履。婚嫁用铁钴锛为拼财。武陵、巴陵、零陵、桂阳、澧阳、衡山、熙平皆同焉。其丧葬之节，颇同于诸左云。

北接巴陵（今湖南岳阳）和澧阳（今湖南澧县），南至桂阳（今湖南郴州）和熙平（今广东连县），都有“莫徭”分布。据饶宗颐先生考证，零陵、衡阳等郡是古时“五溪蛮”的聚居之地，其民皆为盘瓠的后裔。

唐代李吉甫《元和郡县图志》记载如下：

开元九年（721年）改为辰州，取辰溪为名。吉甫谨按：辰州蛮戎所居地，其人皆盘瓠之孙。

以上著述均属于“志”的范畴，都出自史家之手，应该说可信度是较高的。如果还往前追溯的话，我们就要把瑶族的始祖追溯到传说中的“盘瓠”。李吉甫把瑶族的祖先与“盘瓠”联系在一起了。公认的关于“盘瓠”的瑶族族源神话传说最早出现在东汉应劭的《风俗通义》中。这是一本“厚民风而正国俗”的民俗著作，其采集的内容多为民间的一些奇异传闻。该书已经遗失，李贤注释的《后汉书·南蛮西南夷列传》转载了以下应劭的《风俗通义》中关于“盘瓠传说”的内容：

昔高辛氏有犬戎之寇，帝患其侵暴，而征伐不克。乃访募天下，有能得犬戎之将吴将军头者，购黄金千镒，邑二万家，又妻以少女。时帝有畜狗，其毛五彩，名曰盘瓠。下令之后，盘瓠遂衔人头造厥下。群臣怪而诊之，乃吴将军首也。帝大喜，而计盘瓠不可妻之以女，又无封爵之道，议欲有报而未知所宜。女闻之，以为帝皇下令不可违反信，因请行。帝不得已，乃以女配盘瓠。盘瓠得女，负而走入南山，止石室中。所处险绝，人迹不至。于是女解去衣裳为仆鉴之结，着独力之衣。帝悲思之，遣使寻求，辄遇风雨震晦，使者不得进。经三年，生子一十二人，六男六女。盘瓠死后，因自相夫妻。

《风俗通义》的记载显然带有想象虚构和传奇色彩。被称为“志怪小说”的《搜神记》里也有以下关于“盘瓠传说”及其后裔文化特点的记载：

盘瓠死后，自相配偶，因为夫妻。织绩木皮，染以草实，好五色衣服，裁制皆有尾形。后母归，以语王，王遣使迎诸男女，天不复雨。衣服褊裢，言语侏离，饮食蹲踞，好山恶都。王顺其意，赐以名山广泽，号曰“蛮夷”。蛮夷者，外痴内黠，安土重旧，以其受异气于天命，故待以不常之律。田作贾贩，无关繻符传租税之赋；有邑君长，皆赐印绶；冠用獭皮，取其游食于水。今即梁、汉、巴、蜀、武陵、长沙、庐江郡夷是也。用掺杂鱼肉，叩槽而号，以祭盘瓠，其俗至今。故世称“赤髀横裙，盘瓠子孙”①。

干宝的《搜神记》所记载的“盘瓠传说”与《后汉书》《梁书》等史书所记载的“莫徭”是一脉相承的。正是由于“史志”与“志怪”类著

① 干宝. 搜神记：卷 14 [M]. 北京：中华书局出版社，2002：168-169.

作都记载了“盘瓠”与“南蛮”而且多有交集，导致了后来学者追溯瑶族始祖的艰难。直至现在，关于瑶族的族源仍旧没有公认的结论，多数学者主张瑶族源自秦汉时期的“长沙蛮”“武陵蛮”，把瑶族的发源地定为湖南的湘、资、沅、澧以及洞庭湖流域。有的学者认为，瑶族源自“五溪蛮”，原始住地是湘西及黔东北。费孝通先生主张瑶族源于古代东夷族中的某一个族群，发祥在今山东境内。有人主张瑶族源于“羌戎”，发祥地在四川、甘肃交界的岷山地区①。有人主张苗族、瑶族、畲族源于“三苗”，发源地在长江中下游地区②。经过不断的论争，现在比较一致的看法是，瑶族、苗族、畲族有同源关系，他们的发祥地应当在黄河中下游地区。

二、“生”与“熟”：瑶族内部的文化分野

伍堡瑶是由一个独立的族群演化而成的吗？如果是的话，该支系出现的社会历史背景是什么？不是的话，其与过山瑶、梧州人、客家人等周边族群是一种什么样的互动关系？明万历年间的《江华县志》有“上伍堡乃平地瑶也”的记录。这是平地瑶首次出现在官方文献中。之后，“平地瑶”这个称谓频频出现在明清的历史文献中，但大多语焉不详。

编写于明万历年间的《九嶷山志》对伍堡瑶这个族群有了进一步的记载：

猺③人裔出于苗因其不事徭役故别称曰猺亦名獏猺，其在湖南者，聚处安化、宁乡、武冈、溆浦山谷间，环纡千余里。与苗分类，历代反复无

① 何光岳．论盘瓠氏的起源、分布与迁徙：兼议盘瓠与葫芦的关系［J］．中央民族大学学报，1989（2）：19-26．

② 尤中．苗族古代史叙略［J］．云南社会科学，1988（5）：61-71．

③ 注：旧时将“瑶”误作“猺”，全书同。

常。本朝以来，咸知向化，有平地高山种。高山猺阻山凭险所种多黍菽或伐竹树易穀而食，男女俱以花帛抹额系锦兜于胸前。每稼穑登场后治酒延宾击长鼓吹芦笙，男女跳舞而歌名曰跳歌，其赋税与齐民一体输纳。

九嶷山属南岭山脉萌渚岭，与上伍堡瑶族居住地的姑婆山整体上属于一个山系，也是瑶族迁徙游耕之地。《九嶷山志》中对瑶族族源的记录是因袭前人的。其有价值之处是对“本朝”（明朝）分布在九嶷山的伍堡瑶和高山瑶进行了描述，涉及平地瑶的则也是一句“平地猺杂居州邑耕读与民无异”。这提到了平地瑶的居住地点为“杂居州邑”，即告别了深山老林。平地瑶的耕种模式与接收的文化教育都“与民无异”，这说明九嶷山的平地瑶在生计模式和文化教育上取得了与周边的汉族相等的权利。与之相反的是，《九嶷山志》对高山瑶则记载得很详细，这说明当时对高山瑶的了解是比较多的。清代官方编写的《皇清职贡图》中也有关于平地瑶的记载：“三盘洞去舜祠三十里今平地猺居之以耕种为业。”“洞”也就是“峒”，在瑶族中是指夹在群山中间的一块平地，明清时期也代指瑶族的居住地。这则材料告诉我们的信息是平地瑶的生计模式是以“耕种”为主，这是他们区别于高山瑶的标志之一。

清雍正时期的广西巡抚金鉷在其编撰的《广西通志》九十二卷中对平地瑶的特点进行了以下详细的记录：

兴安县平地猺傍石林结茅屋，杂居州邑耕读与民无异，佃田输租，不事剽窃，俗醇似平民，因名平地猺。男花帛裹头带银手钏，衣袴俱锦缘，时以布囊负物。女锦缠头缀以珠玉项饰银圈花布巾束腰。偶诣亲串家，晴雨必以油盖自随。每岁首祀盘瓠杂置鱼肉酒饭于木槽叩槽群号以为礼。

广西兴安属于南岭走廊的范围。就目前的资料来看，金鉷是第一个就平地瑶的文化特点做出区分的人，他把平地瑶的文化特点归纳为三个方面：就居住模式来说是“傍石林结茆屋”，也就是依山而建；就经济模式来说是“佃田输租”，也就是租种耕田、纳赋税；就民风而言是“不事剽窃，俗醇似平民”。这是平地瑶的主要特点。这三点都是以“民”为标准，与过山瑶比较而得来的，旨在说明平地瑶与“不服王化”“忍性猜斗”的过山瑶有了很大的不同。

在《广西通志》卷九十三中，金鉷还对平地瑶的服饰特点做了以下记载：

惟猺之中独有以装饰之异而别其名者，如耳垂联环鬓挂砚珠，髻裹蕉叶不裙不袴，惟以布幅围其前后，前短后长坐地则兜之名曰平地猺。

以服饰来区分平地瑶的还有“平生别无嗜，惟有好著书”的清乾隆年间的学者王初桐，他在《奁史》一书中，概括性地介绍了伍堡瑶族的特点：

平地猺居食嫁娶悉与民同男人髻发止于四旁，妇人衣斑斓衣刺绣亦古雅。耕田纳赋惟不任差遣，间亦有读书应考者性最淳朴畏见官吏，常为胥皂所鱼肉不能自直。

清道光皇帝的首辅大臣穆彰阿在《大清一统志》中把平地瑶视为“熟瑶”之一：

临桂县率皆熟猺。居三乡，男女挽髻，青衣缘绣。嫁娶丧葬颇近土民。有平地、大良、高山、过山之别。平地猺散处村落，佃田佣耕；大良猺习汉文字与民杂作或通婚姻。高山猺架竹木，葺茅而栖。种粟芋豆薯有蜂窖黄蜡香菌山笋货以易食。过山猺数年此山，数年又别岭，无定居也。

清嘉庆年间，广西临桂居住着平地瑶、大良瑶、高山瑶以及过山瑶，他们在当时被认为“熟瑶”，原因是“婚娶丧葬颇近土民”，与地方的居民相差无几。平地瑶被认为“熟瑶”的原因是其放弃了在山中游耕的刀耕火种模式，选择了定居和农业。

与上述文人官僚不同的是，祁寯藻[①]在其卷《䜣䜣亭集》中以“入籍”和“输税粮”把“生瑶”与“熟瑶”区分开来：

清溪源在永明县西七十里，县志县界凡十有二源皆猺所居。知清溪古道在县西七十里。扶灵、勾蓝在县西南四十里。埠陵（扶灵）在县西北四十里，高泽在县西三十五里。俱有户籍，输税粮为熟猺。如顶板猺、砍山猺则为生摇，藏山伏涧，迁徙无常椎髻挽足射猎为生自食其力。

三宿在江华县西南，县志竹子尾宿、旦久宿、平冈宿号三宿皆平地猺也。明洪武初招抚下山附籍大同乡每宿佥点一人为千长，听调征剿立猺老以约束众猺。又县东南有麻贝两江猺多以盘为姓。

在祁寯藻看来，四大民瑶属于“熟瑶”，具有户籍、缴纳税粮。上伍堡之平地瑶给他印象最深的就是社会组织，即设有千长，还有约束众人的瑶老。祁寯藻是山西寿阳人，官至体仁阁大学士，但没到过湖南为官，他是综合永明、江华两县的县志得出的结论。

“生”与“熟”是文人对瑶族进行的文化分野。与上伍堡平地瑶同住岭南岭北分界线上的永明县四大民瑶也被官方文献称为“熟瑶”。据《永明志》记载，“清溪、古调、扶灵、勾蓝、埠陵、高泽类有户籍而输役粮者为熟猺”“如顶板瑶、砍山猺入山伏涧，椎髻跣足，射猎为生，不供国课者为生徭”。“生”与“熟”作为汉文化对非汉族群的一种分类，古已

① 祁寯藻，字叔颖，号淳甫，改实甫，又号春圃，山西寿阳人，请嘉庆年间进士，授编修，官至体仁阁大学士；致仕再起，以大学士衔领礼部尚书；赠太保，谥文端；著有《䜣䜣亭集》。

有之。周星在论述宋朝的“生户”与“熟户”时，对此做了精要的阐述：“所谓‘生户’与‘熟户’，与其说是发展水平有‘先进’、‘后进’的区别，不如说是按照他们分别与宋朝的关系，他们接受汉文化的程度，或他们可被汉人所接受的程度来理解的。这种划分反映了宋朝时期汉文化对周边异族群的基本认知，也包含着区别对待之民族政策方面的考量。”① 这种生与熟的分类，既是对边境异族群的认知，也是出于分化、利用的目的。任何一个族群的形成都不是偶然的，有其历史文化条件，伍堡瑶出现于明初，发展于清朝。那么，他们在明之前是个什么样的状态呢？

从伍堡瑶的口述及从他们的族谱来看，伍堡瑶在元代应该是居住在湖南永明与广西灌阳交界的千家峒一带。元代时对瑶人已有所谓“生瑶”和“熟瑶”的划分。新《元史·广西上下江诸蛮》（卷248）中记载：

至治二年（1322年），广西宣慰使燕奉言：瑶族非一，生于深山穷谷者谓之生瑶，野处巢居，刀耕火种，采山射兽，以资口腹，标枪药弩，动则杀人；其杂处近民者，曰熟瑶，稍知生理，亦不出赋。

“熟瑶”与“生瑶”的划分标准基于是否“其杂处近民者”的民族中心主义（ethnocentrism）偏见，一切以受汉文化影响的深浅作为文明与否的标准。这个划分标准，跟明清时期区分平地瑶的标准差不多。元朝国祚短暂，但实施的民族政策却极具歧视性。元朝把国人分为蒙古人、色目人、汉人、南人四等。瑶族等南方少数民族都属于最低等的南人。在元朝，湖南有两次瑶族起义都爆发在湘南一带。一是元统二年（1334年），广西贺州一带的瑶族在唐七的领导下起义，攻占了贺州、富川、江华、永

① 周星. 汉文化对周边异族群的“生熟”分类［C］//中日人类学民族学理论创新与田野调查国际学术研讨会论文集，2013.

明等地。二是至正元年（1341年），湖南瑶族唐大二、蒋丙的起义，攻占了江华县城。

清代湘军名将曾国藩之弟曾国荃既有武略又有文韬，他在带兵之余写下了《湖南通志》。或许是出于军人的敏感，他在《湖南通志》中也对瑶族做了以下记载：

县（衡阳酃县）境猺有二种：一高山猺踞县东南大山中，明末寇掠多系此种，一平地猺今为编户，惟不与民通婚姻。宁远县：县北路为平地猺南至九嶷北界零祁常新四县种类最繁。南路为高山猺邃谷深山人迹罕至。

人也异视之则异，同视之则同。其种落不一男衣背有红织文，女头裹红布者谓之红猺，白曰白猺，黑曰黑猺。男衣负花织文，女头顶板者谓之花板猺。女头插箭三枝以蓝布覆之谓之，随处迁徙逢山开垦者谓之过山猺。居有定处与民人杂耕者谓之平地猺，平地熟猺也较为驯。

曾国荃依据服饰特点把瑶族分为红瑶、白瑶、黑瑶、花板瑶等种类，对瑶族的认知是细致的。涉及伍堡瑶时，曾国荃一是强调其“编户”，即入户、定居的属性和从事农耕的特点；二是突出平地瑶的分布遍及九嶷山（宁远县）南北；三是明确“熟瑶”性情较为温和柔顺。

从上述记载看，平地瑶最显著的特点是定居、耕种、纳税、与高山瑶相居相伴。定居之后的平地瑶的生活是否得到了较大程度的改善呢？清乾隆年间具有人文情怀的衡阳地方官员程梦湘以诗歌的形式进行了表述：

采蕈歌

平地猺、高山猺，输纳土税非一朝。土税维何茶与蕈（草），地瘠山荒争采尽。采茶犹自可，采蕈愁杀我。今年春雨何其多？猺民采采山之阿，蕈少雨多将奈何？我闻前宵有吏征租到猺户，猺民畏之猛如虎，呜呼！宰官何忍以口腹之细故，竟使吾民受烦苦？朝来叱吏声其罪，自此永除香蕈（草）税。

这首诗歌出自封建王朝基层统治者之手，具有很强的现实主义色彩，与白居易的《卖炭翁》如出一辙。从中我们感受到了伍堡瑶的艰难，定居仍旧没给他们的生活带来质的飞跃。

从以上零星的文献记载中我们可以得知，文人和官僚划分平地瑶的标准并不统一，有按照服装划分的，有按照住处划分的，更多的是以“民人”为标准区分的，即“与民杂作”“居食嫁娶悉与民同”“杂居州邑耕读与民无异，佃田输租，不事剽窃，俗醇似平民”。也就是说，饮食起居、民俗风俗与周边民族趋同的就是平地瑶。外界族群认同一个瑶族群体是否属于平地瑶的界线是其在多大程度上与周边民族类似、具有周边民族的特征。同时，我们也可以隐约窥探到明清时期平地瑶的大体分布情况。就湖南来说，在明代，平地瑶从九嶷山到萌渚岭一带都有分布。到了清代，平地瑶的分布更为广泛了。是瑶族的人口增加了？是平地瑶自身繁衍过快？还是平地瑶的势力强大了呢？笔者认为都不是。平地瑶的分布范围扩大，只能说明过山瑶“民化”的过程在加快，越来越多的过山瑶在生计模式、文化模式和价值观念上自觉或不自觉地向“民人”靠拢。其原因主要是想通过瑶族的“民化”，获取官方的认可，逐步摆脱被歧视的地位。此外，这也是由于清王朝对瑶山控制的加强，过山瑶的生存空间越来越小，从而不得不选择适应主流文化。

综合上述学者关于瑶族的分类，我们大体上可将瑶族区分为“生瑶”与“熟瑶”两大类，其区分的主要标志是文化（见表 1-1）。

表 1-1 生瑶与熟瑶文化差异比较

类别	种类	户籍	民俗	居住	耕读	耕种	纳税
生瑶	高山瑶 过山瑶 顶板瑶 砍山瑶	“不服王化”	“标枪药弩，动则杀人”	“生于深山穷谷”“迁徙无常”“藏山伏涧”	无	“刀耕火种”“采山射猎”	“不供国课”
熟瑶	平地瑶 民瑶	编户入籍	醇和似民	“杂处近民”	“耕读与民无异”	知生理、佃田耕种	“输税粮”、不服役

从上述文献关于“生瑶”与“熟瑶”的区分来看，“生瑶”与“熟瑶”的区别非体质上的，而是文化上的。

所谓的“生瑶”，从地理位置上看是“藏山伏涧”“迁徙无常”，也就是远离民人居住的瑶族，而“熟瑶”则是“与民杂处”或居住在民人附近的。就与汉文化的关系来说，“生瑶”保存着传统盘瑶支系的习俗，而“熟瑶”则是民俗文化接受了汉文化的影响，性格醇和似民。就与封建王朝统治者的关系来说，“生瑶”指的是“不服王化”的瑶族，而“熟瑶”则指的是编户入籍、输田赋，也就是接受了封建王朝统治的瑶族。

就种类而言，“生瑶”指的是高山瑶、过山瑶、顶板瑶、砍山瑶等，“熟瑶”指的是平地瑶和民瑶。“生瑶”与“熟瑶”的区分不仅仅是文化上的差别，还关乎封建王朝统治者的具体策略和分而治之的统治之术。“生瑶”由于“未服王化”，就成了被歧视的对象，封建王朝统治者采取的是软硬兼施、恩威并重的策略；对“熟瑶”则是“招抚”为主，力求通过汉文化来加以影响，使之“与民同”。

“生”与“熟”作为汉文化中的一组二元对立的概念，属于历史的范畴。其最初的本义是与“生食”“熟食”联系在一起的。“火”的使用是人类史前史上最具重要意义的进化事件。例如，《韩非子·五蠹》有云：“民食果蓏蚌蛤，腥臊恶臭而伤害腹胃，民多疾病。有圣人作，钻燧取火，以化腥臊，而民悦之，使王天下，号之曰燧人氏。”燧人氏得以“王天下”，是因为他发明了用火和“熟食”。火能使生为熟，避臭去毒，令人无腹疾。而未经火化之食物，腥臊恶臭、伤害腹胃。因此，熟食文明，生食落后。族群的“生”和“熟”的分类，大约在魏晋南北朝时期开始出现。到了明清时期，封建王朝对周边异族群的“生”和“熟”的分类，更进一步泛化和普及，并成为支撑封建王朝民族政策及其边疆政治的重要理论依据。其体现的是一种统治文化的“他者”认知思维和“我族优越意识”文化心理。

三、本土视野中的伍堡瑶

自明清以来，出于统治和治理边民、稳定边疆的需要，一些地方官员开始关注平地瑶这一个不断变化的新群体，并依据出现的新特点，如定居、入籍、性格温顺等将之命名为“平地瑶”。这种客位的视野和看法是与传统的过山瑶进行比较，按照民人的标准得出的结论，是有其现实基础的。

相对于客位的视野来说，人类学研究者更相信主位的视野，因为主位研究得出的结论更能代表研究对象的真实情况。平地瑶是如何自己看自己的呢？尽管平地瑶没有自己的文字，无法把自己的历史如实地记载下来供后人研究，但我们仍旧可以从上伍堡平地瑶，即伍堡瑶的一些族谱和零星的文字记载中窥见其历史的脉络。加之伍堡瑶形成的历史不很长，我们还是可以通过访谈，获取一点关于伍堡瑶的知识论解读。

是招抚下山还是迁徙而来？从文献记载来看，伍堡瑶是从南岭走廊姑婆山金子岭下来定居的，是被明朝县令周于德和百户韩恩招抚下山的。但是，这个观点得不到民间文献的支持。我们现在能看到的关于伍堡瑶最早的资料是三头户之首的奉子仂写的《千家峒来历》(《源流记》)：

云吾太始祖，系盘瓠之后。历居南山七贤洞中，古长沙武陵五溪，后居卑州石羊县，又至桂郡居住。避元朝乱。潜入灌阳之深山，有一千家峒郡，多数属于瑶。以避元化怒剿。元逆奸瑶妇女，民无日安，也有民百姓弃民属瑶，可避之屈。投入良瑶苦老耕种，历来朴素。唐虞之后，尚存尧舜之风，不以大业传家，而以大德传天下，敦厚流于后世。隐居山林，散漫于天下，处处有知，富贵不贪。甘心苦做，舜何人也，列何人也，汉曾可作瑶亭，千家总长舜裔也，让德者居之，居瑶人最淳朴全无计较，是以功名不慕，备尝辛苦，自食其力。至元七十余年，士吏识破此关，千家峒非全瑶人也，多郡人变之，不服元化，元兵怒剿，又经大火烧山，三年大旱遭灾，元兵追粮饷围，被逼，吾祖与众携带妻儿，与重众逃出，楚粤频盈是吾祖出楚根源，如此之苦也，伦常之变，兴衰之理也①。

此文献不是奉子仂的原稿，而是民国时期奉子仂的后裔抄录的，抄自哪里也没有明确。在找不到年代更久的文献的基础上，我们只好视之为真实的。在《千家峒来历》中，奉子仂在追溯太祖来源时，把自己一脉看成“盘瓠之后”，是“古长沙武陵五溪”人的后裔。这与《盘王大歌》《过山榜》中记载瑶族为盘瓠后裔是一致的，由此也可以看出伍堡瑶与过山瑶具有一致的渊源。《千家峒来历》中一个比较有价值的信息就是以写实的手法记录了“千家峒事件”的原因。瑶族从千家峒出走既有天灾的原因，比如大旱、大火烧山；也有社会的原因，比如元兵追粮。但是，这些都不是

① 奉德杨抄于1938年，现存于奉元鸿家。

主要的，最主要的原因是千家峒里面并非全是瑶族，还有一批逃避税赋不服元化的“假瑶人”（民人），此事被元王朝发现，元兵围剿千家峒，瑶族被迫出走。

清乾隆年间的进士、三宿书院的创办者、上伍堡的文化名人奉有惟在其撰写的《奉氏宗谱序》中也强调奉氏是于明初洪武年间由广西云亭乡迁徙而来的。

《千家峒来历》记载了以奉氏为代表的伍堡瑶在千家峒及之前的历史，记载比较简略。成文于清光绪三年（1877 年）的《奉氏来历书》，则较为详细地记载了奉氏家族的来历，具有一定的参考价值。

《奉氏来历书》是一篇带有族谱性质的文书，共由三部分组成：第一部分主要叙述盘王的来历，跟《过山榜》中记载的内容差不多；第二部分主要叙述瑶族在千家峒生活的情景；第三部分主要叙述定居上伍堡后的生产生活状况。从表面上看，《奉氏来历书》记载的是奉姓的来历，实际上是代表整个伍堡瑶书写历史。当然，这是一个带有传奇色彩的伍堡瑶历史。从中我们很明显地感受到了伍堡瑶与过山瑶那种紧密的渊源关系。这份《奉氏来历书》实际上就是一份扩大化了的《过山榜》，是第一批到达上伍堡的七姓人共同的来历。《奉氏来历书》中对先祖盘王故事的追溯、对千家峒传说的记忆与在其他地方发现的《过山榜》的内容大体类似。不同的是，《奉氏来历书》增加了出走千家峒后的迁徙历程及 17 户人家定居后的“规约”。《奉氏来历书》没有提到“招抚下山”和开垦耕种的内容，而是强调自己是从广西富川七都里云亭乡迁徙到上伍堡的。关于广西云亭乡（灵亭乡）定居时的情景，收录在《奉氏族谱》里的《奉氏富四老大人墓志》做了如下记载：

元末至广西富川灵亭乡七都背界老屋地（今天的古城镇茶园老村）。是时，我境森林葱茏，居人寂寞，水土相合，吾祖率胞弟富五，家人钟氏，辛勤伐林，垦荒辟野，手胼足胝，几费习劳，竭力经营，创设基业。明初居人渐增，田园多辟，乃与唐养仂、李东仂三人和衷共济，劝化居人，造立粮册，呈报官府。

从上述流传在伍堡瑶民间的文献资料来看，在伍堡瑶看来，他们与瑶族的主体——盘瑶是有着渊源关系的。伍堡瑶也是盘王的子孙，在历史上曾经由南到北不断迁徙，经千家峒折返多次达到姑婆山北麓的上伍堡居住。

第二节　来源复杂的伍堡瑶

现在的伍堡瑶聚居在江华县的河路口镇与涛圩镇交界的丘陵山岗，以古地名“三宿”，即旦久宿、平岗宿、竹子尾宿为聚居点。在改革开放前，“三宿”是“纯瑶区”。随着全球化的到来和务工人口的频繁流动，这些地区现在杂居了些民家人，但瑶族人口仍占 95%以上。在 17 户人家达到上伍堡之时，伍堡瑶的居住点只有 17 个，现在发展到 53 个自然村。1954 年，湖南省民委进行民族识别的调查结果显示，这些地区当时人口有 8 029 人。现在，这些地区总共有 22 个村委会、28 000 多人。

从民间文献来看，伍堡瑶是一个以地域为纽带，以共同的文化特征为核心凝聚起来的族群。但是，伍堡瑶是否全部源于千家峒呢？其族源都是盘瑶吗？调查伊始，笔者曾经以为上伍堡的伍堡瑶有着共同的族源和类似的迁徙历史。随着调查的深入，笔者起初的设想被伍堡瑶的族源现实否决了。在伍堡瑶内部，按照迁徙地的不同及其迁徙的时间先后，伍堡瑶可以细分为以下三类：

第一，主体是盘瑶。伍堡瑶民间记载的十二姓瑶族，即奉、唐、李、盘、黄、廖、任、邓、高、周、沈、包，是伍堡瑶的主体。现在，沈姓已经没有了（“沈姓人家不识亲，男女老少往外搬”），只剩下一个沈家峒的地名。包姓也没有被看到了，据说是一次地震，把包家居住的地方给震塌了。包家整个村落，除了几个外出探亲的小孩幸免于难外，几乎全部遇难。从17户人家迁入上伍堡的情况看，其中也只有奉、唐、李、周、盘、沈、高七姓。据李克勇的《盘王青史》记载，奉子仂、奉富四、盘伸仂、沈辰孙、唐法仂等“十户五姓”，是第一批达到上伍堡的，他们之前住在富川，迁徙的时间是明洪武十五年（1382年）。洪武十六年（1383年），唐养仂、吴邓仂、陈午仂、高继保四户迁徙到上伍堡。随后，蒋三仔、周护仂、蒋八仂三户从永明、蓝山、富川来到上伍堡居住。17户人家是陆陆续续迁移过来的。

“洪武元年（1368年）盘赵二姓会合，到广西桂林落居二载。又到平乐府东门八宝村居住一年。洪武四年（1371年）因冯姓益偷桂林库银，被迫逃到广东连州杨古山居住，冯姓便改为‘凤’姓。然后盘、赵、郑、凤、沈、周七姓又会合迁到现在江华所辖的上伍堡金子岭居住。”① 从《湖南瑶族社会历史调查》收集的这段文字来看，上伍堡东部大山金子岭也曾经有众多过山瑶居住。

第二，客家人的融入。说到客家人的融入，最典型的就是下队刘家了。据刘姓一位老人介绍，他们刘姓本是江西的客家人。与他们同宗同祖

① 广西壮族自治区编辑组. 湖南瑶族社会历史调查［M］. 北京：民族出版社，2009.

的刘姓，在白芒营有一支。他们也是从白芒营迁过来的。白芒营这支刘姓现在还说客家话。

第三，民家人的混杂。除了千家峒的十二姓瑶人外，上伍堡还居住着林、鱼、石、刘、陈等外姓。这些姓氏的人迁徙过来的时间有长有短，有的是在明初跟随17户人家一起迁徙过来的，如陈姓、吴姓和蒋姓；有的是在明朝或清朝其他时间迁徙过来的，如车姓。车姓族谱中是这样记载其来源的：

始祖车北原江西吉安府太和县人氏，于永乐葵未年（1402年），在广西栗头源猪仔州安居三代有余。有太祖云京、云成、云明。在猪仔州三兄弟因不和，开支各房居，云京到贺县官塘坊，离城有二十几里，云成到江华州上五堡平岗宿苦竹源坊领众安居立村，住地名原是车家村坊住的是公共之山，共同有份。所管车家岗、茶园尾、枫木岗、白公岗、赤泥岗山场。茅栎歧、大竹源、峰山源，所买之地无册。届届（年年）浮沉无根，任卖任买，任置任造①。

从这份族谱来看，车姓跟奉、唐、李、盘等姓不一样，他们没有在千家峒居住过，也不是正宗的瑶族，他们到达上伍堡的时间也比较晚。按一代25年推算，他到达上伍堡的时间在1480年左右，比上伍堡第一批居住者差不多晚了100年。

湖南社科院的学者何光岳认为，“瑶族有个特点，被它同化的汉族人数很多，超过它本民族的人数”②。瑶族研究学者胡起望也持同样的观点，即

---

① 《车氏族谱》撰写于1922年，现保存在老车村的车顺诗家。

② 宫哲兵. 千家峒运动与瑶族发祥地［M］. 武汉：武汉出版社，2001：119.

“瑶族中有较大量汉人融合入内”[1]。一份署名奉姓头户长奉子仂的《千家峒来历书》里面也记载了“民转瑶”的例子。

由上述分析可知，现在凡是那些被称为“家”的自然村，如“林家”“车家”“陈家”“钟家”“石家”等几乎都是民家人。他们达到上伍堡的时间也相对晚一些。上面提到的车家是在明中期到达的上伍堡的。也就是说，第一批到上伍堡垦荒的17户人家中也有些民家人。据介绍，林家的始祖原来是个泥瓦匠，到上五堡的时间不过200来年。17户人家除去十二姓瑶族外，其他的也都是汉族。现存于马头寺蒋家的蒋氏族谱序言里面有这样一段话：

蒋八仂公，原于粤西平乐府之富邑，蒋家寨原籍属民（汉族），因昆玉执，均分遗茶（产），细微杂活，家春得闻楚界江邑，上伍堡自元朝崩乏，傜田傜地抛荒，至今数百余年。明朝正统九年五保三宿十八位太公，一切奏准上司，上司示谕上伍堡瑶田傜土与民领种，与蒋八仂公领到宅居一所，土名牧牛坪，石曹岗，高岭脚，东长流源尾——八仂公所领斜力隘傜山田土，过后各照来内管业，以传后代是为谱引。

由上可知，伍堡瑶至少有三部分来源：一部分是从千家峒逃离出来的瑶人经过广西富川迁徙而来的，一部分是从江西迁徙而来的客家人，还有一部分是不断南迁的民家人。后两种类型的人群被认为是“伪瑶”。历史上的瑶区，“伪瑶”或“假瑶”总是与真瑶混居在一起的。《广东新语》（卷七）在言及曲江瑶族时说：“曲江县瑶惟盘姓八十余户为真瑶，其别姓赵、冯、邓、唐九十余户皆为伪瑶。”这些不同的民族集团为何又最终形

---

① 胡起望. 由微见著论瑶族［M］//费孝通. 中华民族研究新探索. 北京：中国社会科学出版社，1991：227.

成了一个不同于盘瑶支系的伍堡瑶呢？费孝通先生在《〈盘村瑶族〉序》中对此进行了初步的思考："不同来源的民族集团在共同敌人的威胁下，为了生存必须团结一致，形成一股自卫的力量。这种凝聚力使他们形成了一个共同体，接受共同的名称。他们在语言上、风俗习惯上的区别并不成为离异的因素，因而得以长期共同生存下来。"① 费孝通先生的思考，给笔者提供了有益的启发。

笔者刚到上伍堡做田野调查的时候，曾经怀疑伍堡瑶与盘瑶支系没有渊源。在伍堡瑶地区，人们看不到甚至没听说过《过山榜》《盘王大歌》。一些过山瑶的传统文化特征，如度戒、还家愿基本消失。伍堡瑶与传统意义上的盘瑶支系语言不通，各种习俗也不一样，伍堡瑶民众甚至连盘王信仰都没有了。笔者问起他们的信仰，他们都说信仰"仁王"。笔者一再追问："你们有信仰盘王的吗？"有的老人说："过去没有，现在有了。1954年恢复瑶族成份后，政府就要求我们信盘王了，我们的仁王庙也成盘王庙了。"盘瑶的标志性仪式——"还盘王愿""度戒"等，伍堡瑶民众知之甚少。80岁以上的老人几乎都不知道，更何况年轻人。在笔者看来，作为瑶族，至少要保留瑶族的文化核心，如熟悉并传承"盘瓠传说""千家峒传说"等。正如涂尔干所言："只要那些出自同一原初氏族的次氏族还保留着对共同起源的记忆，它们就会感到它们是亲戚和盟友，就会感到它们只是同一个整体的不同部分。"②如果连族源"盘瓠传说""千家峒传说"都不熟悉的话，还能称为"瑶族"吗？随着调查的深入，笔者的疑虑也逐步消除。笔者认为，平地瑶的这种情况是在与其他族群互动中形成的。

---

① 费孝通. 六上瑶山［M］. 北京：民族出版社，2009：194.

② 爱弥儿·涂尔干，马赛尔·莫斯. 原始分类［M］. 汲喆，译. 北京：商务印书馆，2012.

1.“朝踏歌”与还愿仪式

20世纪，民族学、人类学传入中国后，杨承志、江应樑等学者就开始了对瑶族的调查与研究。他们在调查研究中开始关注“盘王歌”。《盘王大歌》是指“还盘王愿”时所唱的仪式文本，内容涉及瑶族的来源、宇宙的起源以及瑶族的历史、哲学、文学等，被称为瑶族的百科全书。信仰盘王是瑶族的主要宗教信仰。传唱盘王大歌是瑶族群体区分非瑶族群体的主要特征之一。目前，《盘王大歌》主要有12段本、24段本以及36段本。湖南、广西、广东的瑶族学者均出版了《盘王大歌》。在田野调查中，笔者没有发现“盘王歌”仪式文本，也没有看到或听说过“还盘王愿”。我一度怀疑伍堡瑶没有信仰盘王，因此始终对伍堡瑶与过山瑶是否有内在渊源持怀疑态度。但2012年10月，当笔者在涛圩镇汉冲村退休干部奉兴朝老人家中看到一本《奉氏朝踏祖先歌》① 所记载的内容时，才感觉到伍堡瑶也有“盘王歌”，也有“还盘王愿”，只是形式发生了改变，内容更加宗教化而已。

从《奉氏朝踏祖先歌》的内容来看，基本上是郑德宏、李本高所整理的《盘王大歌（上册)》的翻本，内容以劝神、敬神、娱神为主。奉兴朝老人说，这本书是他从他的舅舅家拿到的，那时候奉姓和李姓每隔几年就举办一次还愿仪式，地点是在祠堂里面。还愿时，人们要把伍堡瑶十二姓内的瑶族都请过来，但非十二姓的不请。人们点燃十二姓瑶族的灯，哪盏灯亮就说明哪房的人丁兴旺。在这个仪式上，当念到祖先来源时，人们要讲湘乡话，其他场合则是讲瑶话。为什么单单在念到祖先来源时，就讲湘

① 《奉氏朝踏祖先歌》为“朝踏仪式”的歌本，系师公用书，现保存于旦久宿汉冲村奉兴朝家中。

乡话呢？合理的解释就是伍堡瑶曾经在湘乡，即古潭州一带，也就是洞庭湖流域居住过，那里曾经是他们的故乡。这一区域属于“左彭蠡右洞庭”范畴，历史上曾经是苗、瑶、畲族先祖的居住区域。苗、瑶、畲族的形成也是从此处开始的。

“朝踏祖先歌”也叫“还盘王歌”，因此“朝踏歌”就是“盘王歌”。与上伍堡的伍堡瑶隔山相邻的钟山伍堡瑶，与上伍堡的伍堡瑶历史相近，族源基本一致。因此，钟山伍堡瑶的历史文本也可以用来证明上伍堡的伍堡瑶的历史。钟山县两安瑶族乡沙坪村有一套“拾贰年朝踏令歌”，也叫“朝踏大讨路歌曲”“拾贰年朝踏阴歌曲”等，一共九册。从伍堡瑶的“朝踏歌”以及还愿仪式看，他们与“盘王歌”以及“还盘王愿”有着很深的渊源，是一脉相承的。只是由于封建王朝不断在伍堡瑶中推行文化教育，伍堡瑶的文化水平不断提升，所信仰的仪式也就越来越宗教化和系统化了。加上居住环境的改变，伍堡瑶也具有了一些农耕特色。1954 年，湖南省民族事务委员会到上伍堡调查的时候，对这一仪式也做了零星的记录。

每十二年还愿一次（还愿，在五区称庙祖宗，在三、四区称朝踏）。祈后代子孙年安昌盛。还愿时，历二天二夜。第一天“做师”，请师公五六人（师公要广西的，他们认为广西的师公法事高明），分别主持念经、打鼓、吹哨、舞长鼓、扫羊角等职务，弄了整天直到天黑。法事的主要内容是替盘王的降院铺好道路，到了第二天，由轮堂主持还愿的族姓，邀请十二姓瑶人来朝迎神。（盘王）请神的法师要在夜晚万籁俱寂之时，关上了庙门，熄了灯，才开始。这时由一个老巫师轻轻地摇铃，口中念着请神白“咒”及盘王降院后，才能点亮十二姓灯（用十二节的竹剖开，中空的十二节放上油及灯芯，并每节贴上了十二姓的名称，是为十二姓灯）。哪姓灯较亮，则盘王必降福较多于他，以后子孙昌盛兴旺……第三天早上吃过饭后散客。

还盘王愿在五区实际上为了该地区条件较好，每三年就由奉姓及唐姓组织一次，他姓不组织，但应邀参加。在三四区已经不组织了①。

我们由此也可以看出，伍堡瑶与过山瑶是具有很深的渊源关系的，是一脉相承的。

2. 大长鼓与腰鼓

长鼓也是过山瑶的标志性文化之一，现在是国家级非物质文化遗产。20 世纪 50 年代的湖南省民族事务委员会调查组就注意到了伍堡瑶长鼓与过山瑶长鼓的不同。过山瑶长鼓只有两尺长，也叫腰鼓，平时放在神龛上，在祭祀盘王或有其他重大活动时才拿来跳。伍堡瑶长鼓有 6.2 尺长，鼓头 1.4 尺，鼓尾 1.2 尺，鼓钩 12 个，鼓绳 12 根，生漆漆就，羊皮做鼓皮，头尾各一张。伍堡瑶长鼓由两个人抬着，一个人跟在后面用沙袋击打，声音尤其悠扬。伍堡瑶民间有赛长鼓的习俗，每逢春节、中秋节或农历六月初六，都有几个村主办赛鼓会。主办村向其他各村发出请帖，到比赛的当天，各村都背着自己的鼓前来参加比赛，亲戚朋友都穿着节日的盛装前来观看。上午 10 点左右开始比赛，下午 2~3 点结束。比赛时，参赛者比谁的鼓最响且响得最久，评委是那些德高望重的老人。评委评选出一、二、三等奖，主办方给予现金奖励。奖金挂在一根高 3 米以上、不削枝叶的青竹上，用大红绣球挂着。参赛方如果在主办方中有亲戚，亲戚要给“亲家奖”。主办方还要给每一宿“宿奖”。参赛方背了鼓来，因故不能参赛，把鼓放在田埂上的，主办方要给“田埂奖”。此外，伍堡瑶民间还

① 湖南省民族事务委员会调查组. 关于伍堡瑶民族成份识别的调查报告［R］. 1954.

有羊角短舞习俗。羊角短舞是由 5~9 人跳的一种集体舞。一人左手拿着圣牌，右手拿着铜铃；一人手拿山羊头；另外的人拿小鼓或铜锣，边唱边跳，声音尤其庄严苍凉。羊角短舞的内容是祭祀盘王的，以舞蹈的形式记录盘王狩猎魂归大山的情景。

伍堡瑶的族源并非像人们从表面上看到的那样是单一的，实际上是由多个不同族源且文化背景不一致的族群组成的。这些曾经异质性很强的族群为何最终能形成一个语言一致、信仰一样、文化习俗大致相同的新族群呢？是哪些因素起到了至关重要的作用呢？在下面的章节中，笔者将逐步对此作出解释。

第三节　民族识别与恢复

伍堡瑶不管是“他称”还是“自称”都是“瑶”。他们居住的区域被称为“瑶峒”，自古以来便是如此。尽管如此，中华人民共和国成立后，伍堡瑶瑶族身份的识别和恢复却经历了一段曲折。本节对伍堡瑶民族识别与恢复过程的叙述，旨在以此为个案探讨伍堡瑶族群形成的社会、政治、经济因素。

一、民族政策的宣传

中华人民共和国成立以后，党和国家组织访问团到少数民族地区开展访贫问苦，宣传《共同纲领》和党的民族政策，打破历史造成的民族隔阂，调解民族之间和民族内部的纠纷。瑶族地区是中央和各级地方访问团工作的重点地区之一。1951 年 6 月上旬和 1952 年 7 月，中央人民政府派出以李德全为团长，费孝通、曹孟君、马杰、熊寿祺为副团长的中央访问团分别到湖南、广东、广西少数民族地区访问。其中，湖南访问团的团长是李德全和曹孟君，江华瑶区是访问的重点地区之一，江华的过山瑶居住区域原来的一、二、三区，即现在的岭东片区又是重点中的重点。1952 年 7 月 15 日，访问团到达沱江县城，受到人民群众的欢迎。1952 年 7 月 18 日，访问团达到水口访问，先后到了湘江、贝江、豪江、未竹口、大小圩等瑶山深处访问①。

访问团此行并没有到伍堡瑶地区访问，具体原因不得而知。中央访问团访问瑶区，从表面上看是宣传党的民族政策，实际上是为即将开始的民族识别和少数民族地区的民族区域自治打下基础。1952 年 4~8 月，湖南省政府派出由 8 名成员组成的民族识别工作队首次来江华进行民族识别，先后深入雾江、花江、小鲁桂、濠江、凌江、黄沙、新铺、中河、黄石、码市等过山瑶社区进行考察。湖南省政府于 1952 年 10 月 13 日批准 20 398 人恢复瑶族成份②。工作队所到之处都是盘瑶支系的居住范围，所认定的都是过山瑶，工作组这种以偏概全的做法，在一定程度上引发了伍堡瑶群众的思想波动。

江华县委、县政府在访问团访问瑶区之后，就想成立瑶族自治县，实行民族区域自治，并由原中共湘南区委员会、湘南行署拟定《关于江华瑶族自治区区划问题调查情况和初步方案意见》向中央汇报。但是，中央没有同意。由于瑶族人口比例不高且绝对人口少，江华成立瑶族自治县的计划暂时落空。这也给他们的民族工作思路带来了新的转变，他们开始考虑

① 李祥红，任涛. 江华瑶族［M］. 北京：民族出版社，2005：77-79.
② 李祥红，任涛. 江华瑶族［M］. 北京：民族出版社，2005：77-79.

尊重上伍堡瑶族群众的意愿，有计划地将上伍堡瑶族群众纳入瑶族范围。

二、伍堡瑶民族识别的依据

在江华的过山瑶被认定为瑶族的消息传开后，伍堡瑶群众甚至其他一些从上伍堡迁出去的散居平地瑶也纷纷写信到有关部门要求认定为瑶族。江华县档案馆中保存了110份平地瑶地区的瑶族群众写给县革委会要求恢复瑶族成份的信函，这些信函大多数是用毛笔写在绵纸上，基本上是由一些识字的“师公”或读过私塾的老人所写。他们申请恢复瑶族成份的原因千篇一律，即来自千家峒，主要证据一是族谱里有记载，二是听老辈人讲了千家峒的故事。

中华人民共和国成立后，尤其是在过山瑶的民族成份被认定后，伍堡瑶急迫地要求恢复原有的瑶族成份，背后的动力无疑是作为“瑶族”可以享受更多的照顾与优待。但之前他们为什么又隐瞒自己的民族成份呢？在田野调查时，笔者曾经就这个问题询问了一些上了年纪的老人。老车村的车顺诗是这样回答的：

我们那时候，哪里敢把自己称为瑶族。我们去涛圩或广西赶闹子（赶集），都不敢穿我们自己的老衣服（民族服饰），也不敢讲瑶话。穿上自己的老衣服或者讲瑶话，就会被人家看不起，尤其是街上那些做生意的和那些梧州人，总瞧不起我们。做点买卖也为难我们。我小时候家里条件好点，到梅楼小学读书的时候，也是不敢讲瑶话的。我不想让他们晓得我们是瑶人。那时感觉瑶人要低人一等。

中华人民共和国成立前，伍堡瑶鉴于外人的歧视与偏见，在公众场合放弃自己的族群身份，甚至在文化选择上也有意识地与自己的传统告别；

中华人民共和国成立后，在政治、经济优惠政策的吸引下，伍堡瑶又急于恢复自己的民族成份，这不是他们本身有多么急功近利，而是一个族群面临社会压力和自然压力时的一种策略适应。

江华成立瑶族自治县时，由于瑶族人口比例过低，江华县委、县政府也有意扩大瑶族基数。在县委、县政府的要求下。1954 年 6 月，湖南省政府第二次派出由 6 人组成瑶族调查组到江华进行民族识别，这次识别的重点就是上伍堡三宿的伍堡瑶，兼顾白芒营和大路铺区的散居平地瑶。这些区域的平地瑶有一部分是由上伍堡迁徙来的，有一部分是从广西的富川和钟山迁徙来的。调查组先后考察了旦久、财塘、上下任、牛路、溪水、河路口、尖山、莆塘、大山脚、牛址窝、车下、小山脚、莲山、白牛山等 17 个村，并到富川和钟山的白沙、新华等“狗头瑶”区进行对比调查。调查期间从 6 月 16 日开始，到 7 月 21 日结束，历时一个月零五天①。

上任村 83 岁的任吉杨老先生的祖父是“剿匪英雄”任高升，任吉杨老先生当过干部，当年由于读过初小，识得汉字，说得了官话，被组织上安排带路，随调查组考察。以下是笔者对任吉杨老先生的访谈内容：

问：任老先生您好，据说您祖父是上伍堡一带著名的“剿匪英雄”，您能不能给我们聊聊您祖父的有关情况？

答：我爷爷被害的时候，我还没有出生，我父亲才六七岁。我父亲有六个兄弟、一个姐姐。听我奶奶讲，我爷爷只有一个兄弟。民国时期，姑婆山上大马（土匪）很厉害，我爷爷是民防团团长，他带了十几个兵，就住在关水阁。大马来了就打。后来我爷爷被大马买了脑壳（杀害）。任冰的《少年梦》写的就是我爷爷。

① 李祥红，任涛. 江华瑶族［M］. 北京：民族出版社，2005：79.

问：(20 世纪) 50 年代初，省里来上伍堡搞民族调查这件事情您清不清楚？

答：晓得。那个时候我在乡里当干部，乡里安排我带路，到各个村子走走。

问：主要是去了哪些村？

答：几个大点的村子，牛路、财塘、旦久都去过。

问：是怎样进行调查的？收集到些什么有价值的材料没有？

答：主要是到村子里开个座谈会，找些认得字的老人了解点情况。收集到了些东西，在旦久收集到了一节从千家峒带出来的牛角，还收集到了糯谷壳，有手指头那样大。民间老古本的东西也找到了一些，族谱之类的，都有些。

问：收集到的这些东西现在到哪里去了？

答：不晓得。当时工作队的人带走了。

问：调查组在上伍堡待了好久？

答：大约半个月，每个村去了两天吧。具体记不清了，都几十年过去了。

在上伍堡调查过程中，调查组着重就伍堡瑶的族源族称、语言构成、地理人口分布、社会历史、政治组织、宗教信仰、婚丧习俗、衣食住行、文学艺术、民族关系等方面进行了全方位调查。但由于时间限制，调查主要是在面上进行的，并不够深入。调查组将调查资料与过山瑶以及广西富川、钟山两地的“狗头瑶”进行比较后，得出了上伍堡三宿属于瑶族地区的初步结论。调查组的理由主要如下：

第一，伍堡瑶的历史来源。学术界都以盘瑶支系为瑶族的正宗，因而以盘瑶支系民间存在的文化事实，如语言、服饰、居住地、建筑、生计模式、习俗、信仰等为瑶族的正统文化。凡是与盘瑶支系的各种文化一致或类似的都被认为是“真瑶”，否则便不是“瑶族”，或者说是“假瑶”。关于盘瑶的文化核心内涵就族群来源而言，其祖是远古传说中帮助汉族皇帝“平王”（有的称“彭王”）打败入侵者“高王”从而拯救万民的英雄“盘瓠”。千家峒被世世代代的瑶族子孙视为本民族的“圣地”。凡是没有千家峒经历的人都不会被盘瑶认为是真正的瑶族。1954 年，湖南省民委调查组（以下简称“调查组”）成员判断上伍堡三宿民众是否属于瑶族，依据就是看其是否源于千家峒、是否信仰“盘瓠”或“狗王”。

湖南省民委调查组在《关于平地瑶民族成份识别的调查报告》中收录了一则资料：“在周朝三十七年间，彭王、高王相等。彭王出贴云，谁能平地高王，顺将所生三女，任择其一为妻。该时有一黄狗。将头磕下后，走出门外，穷跟高王，乘后时咬死高王。回报彭王，结果只得将三女配以黄狗为妻。由于人家的耻笑，彭王将他们送上深山千家峒居住，生下了十二子，是为瑶族十二姓的由来。”①

调查组在调查报告中引用的这则资料，与《搜神记》《后汉书》中记载的“盘瓠传说”在细节上有些不同。这并不奇怪，毕竟这是流传在民间的文献，而且这则材料与《过山榜》中记载的瑶族族源相似。调查报告中还引用了《千家峒源流记》里记载的内容。

又千家峒在大德二年。烧了个杉木坝，旱了全洞的水田。七年交不起公粮。县官派来催粮的，十二姓每户轮流请他们吃，演戏给他们看，将他们留住了。其后派来的，又被留住了。县官疑千家峒瑶民杀了粮房。转报

① 湖南省民委调查组. 关于平地瑶民族成份识别的调查报告［R］. 1954.

“皇上”。在大德八年间，帝皇派兵到道容罗岭上驻扎，声言要杀绝千家峒瑶人，于是十二姓人相率在大德九年间，各拿古记牛角一节，羊角一对，长鼓一双，禾壳四个为记。四散逃难，一半过永明县界头岭、一半回转九嶷山①。

族谱是调查组最为依赖的文献材料。在调查中，调查组查阅了李、奉、任、邓、盘等十二姓瑶人的族谱。在阅读族谱的时候，调查组发现，这些十二姓瑶人族谱的一个共同点就是都有在千家峒居住过的历史记忆。有的姓，如奉姓，还视自己为“龙犬之后嗣”。《李氏族谱》中记载如下：

自吾始祖冬仂公世系流绵，具备西公、唐公之后裔也。昔由迁之从千家峒。桂林平乐府富川县连出乡七都八界岭铜盆村。于元末明初之时，予祖闻上湖南明耿挥诛、剿古冯乘之地。民逃四散。原有七乡三十里之地也。于洪武二年设立江华之南区许日苍梧竹子尾宿按子团，祖视此境田屋生草树。至二十八年予祖会同蒋子橧赵县具词奏明县王……于宣德二年之间，俱饭开垦，圣敕吾祖设立五堡，分为三宿。系余祖宗开垦之情缘，大田额粮。判外边域为三分，防镇三条九隘之夷，景太三年，共领黄册户籍，十七户。上判李、奉、唐三姓头户，纳粮征收②。

调查组引用的《李氏族谱》中的内容与《上伍堡三宿总册底引》以及上伍堡的历史大体相似。

上伍堡十二姓瑶人之一的任姓，也是源自千家峒，这跟奉、李、邓等姓是一样的。在上伍堡三宿，凡是有族谱可考者都把迁入时间定格在明洪武年间，由广西富川迁到江华的，至今大约是30代人。

---

① 湖南省民委调查组. 关于平地瑶民族成份识别的调查报告［R］. 1954.

② 湖南省民委调查组. 关于平地瑶民族成份识别的调查报告［R］. 1954.

第二，伍堡瑶在历史上的政治组织。瑶老制是盘瑶支系历史上最重要的政治组织，这与盘瑶的社会环境和生态环境是相适应的。政治组织的形成需要长时间的文化积淀，一旦形成又具有其稳定性和延续性。识别上伍堡三宿民众是否属于“瑶族”，政治组织是否具有类似性也是一个重要的考量指标。千户长制是上伍堡历史上最为盛行的政治组织。除了千户长制以外，瑶老制也是上伍堡历史上曾经存在过的政治组织，其曾经与千户长制并行发挥作用。调查组根据收集整理的材料对千户长的职责进行了归纳：

（1）每年负责征收本宿各户粮款送县。

（2）十年编造本宿各户粮册一次送县。

（3）处理宿内民、刑争讼。

（4）督促宿内各姓应负把守的三条九隘险地（所谓三条，是指八排、八都、罗溪三条通往广西的水路；所谓九隘，是指草岭隘、流车隘、牛步隘、红花隘、梅子隘、斜力隘、石墙隘、香草隘等九条通往广西等处的险路）。

（5）公议三宿对外贼来盗的防御措施。

（6）通过三宿千户所提应处斩的极刑罪犯。

（7）证明婚嫁买卖丧事。

（8）主持宿内宗政事，并掌握所属各庙财产①。

千户长的这些职责跟传统的瑶老的职责大体相同。不同的是增加了收取赋税和造粮册的职责。据调查组调查，千户长与瑶老往往是合二为一的，即身兼两职。

---

① 湖南省民委调查组. 关于平地瑶民族成份识别的调查报告［R］. 1954.

第三，伍堡瑶的宗教信仰。盘瑶信仰盘王这是无须言说的，祭祀先祖的“还盘王愿”和成年礼“度戒”仪式也是瑶族的身份符号。调查组在调查过程中对伍堡瑶的宗教信仰调查，用力甚多。调查组的结论是，伍堡瑶有盘王信仰，“还盘王愿”在上伍堡的奉姓、唐姓和李姓中存在过。除盘王信仰外，伍堡瑶还有仁王信仰。

调查组还就伍堡瑶的语言、婚姻、丧葬习俗等进行了调查，但都没有什么新的发现，甚至得到了错误的结论。例如，调查组认为，伍堡瑶没有招郎入赘的习俗，招郎入赘的习俗已经成为历史。实际上伍堡瑶的招郎入赘习俗直到现在一直都没有停止过，改变的只是招郎的对象范围扩大了而已，不再局限于上伍堡三宿内部。调查组对上伍堡三宿十二姓与过山瑶之间的“同”做了强调，而对其中的“异”则是冷处理。

调查组根据调查所得，初步认定：上伍堡三宿要求恢复瑶族成份的民众，属于瑶族。

三、曲折的识别过程

调查组根据调查获得的材料，参照过山瑶的文化标准以及广西富川、钟山“狗头瑶”的文化特征对上伍堡三宿民众要求恢复瑶族成份问题提出了初步意见，建议把伍堡瑶居住区域内从千家峒迁徙过来的十二姓瑶族群众先确立和认定为瑶族，而把非十二姓的瑶族群众暂时不认定为瑶族。湖南省民族事务委员会吸收了调查组的意见，根据调查组的意见把从千家峒迁徙来的十二姓瑶族群众，或者是属于千家峒十二姓瑶族之列的民众认定为瑶族。在江华县一名退休老干部家中，我们看到了这个文件的油印稿（见图 1-1）。其内容如下：

关于江华县大路铺区、白芒营区和涛圩区等地“平地瑶”人民约一万人申请确定其民族成份问题，业经中共前湘南区党委统战部和省民族事务委员会派员多次调查研究，从其历史传说、风俗习惯、语言等特征，证实湘南各地“高山瑶”与广西富钟的瑶族是属于一个民族系统的……经中央民族学院研究部鉴定亦认为应属瑶族成份……为此，应予确定该地区“平地瑶”一万余人的民族成份为瑶族。与江华县其他瑶族共享自治权利。希即转知。

一九五五年十月十二日

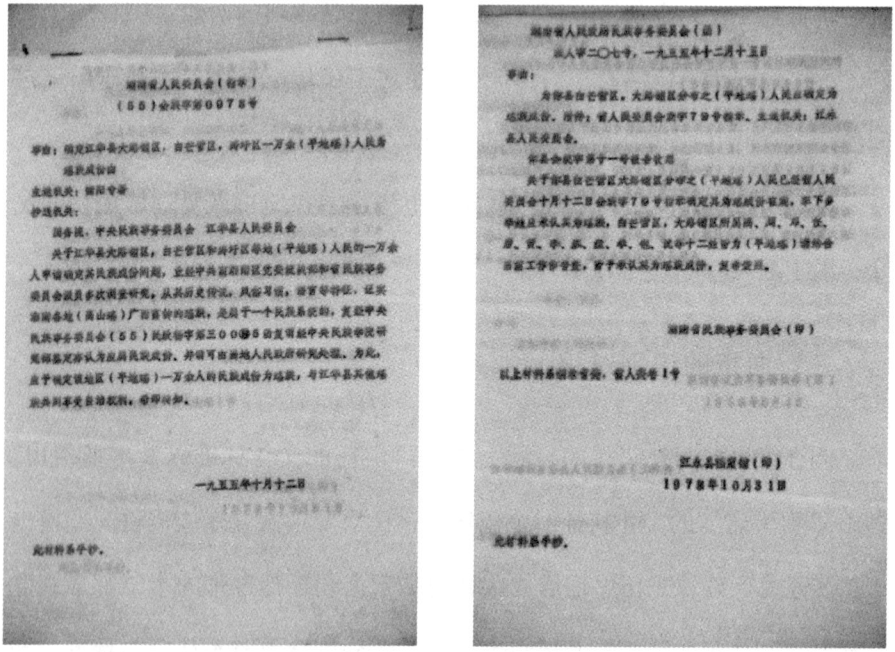

图 1-1　平地瑶识别文件

这份文件带有很强的政治色彩。1955 年，国务院全体会议第十七次会议通过了《国务院关于撤销湖南江华县的建制，成立江华瑶族自治县的决定》，并定于 1955 年 11 月 25 日举行成立会议。

1955 年 12 月 15 日，湖南省人民政府民族事务委员会发文承认车下乡李姓群众为瑶族，同时承认白芒营区、大路铺区所属的高、周、邓、唐、黄、李、廖、奉、沈、包等十二姓群众为瑶族。

上伍堡是平地瑶的主要聚居地，但不是平地瑶的唯一聚居地。平地瑶聚居上伍堡以来，由于各种原因有的已经从上伍堡搬迁到县内其他地方，如白芒营、大路铺、桥市等地与其他族群混居，他们与上伍堡的瑶族是同根同源的关系，文化习俗和语言也都保持着原来的特征。如果说上伍堡瑶人是“源”的话，那么这些散居的瑶人就是“流”。“源”被认定为瑶族了，“流”自然如是。1957 年 5 月 3 日，中共湖南省委统战部发文回复江永县统战部，同意批复白芒营等六个区的李、沈、唐、奉、邓、盘、冯、黄、周、廖等十二姓 20 635 人恢复为瑶族①。而其他姓要求恢复瑶族成份则没有被同意。以姓氏为主认定瑶族的做法，即以来自千家峒十二姓瑶族的姓氏确定是否属于瑶族，具有简单化的特点，也不符合瑶族实际，存在着一定的矛盾。上伍堡三宿除了十二姓瑶族外，还有 20 多个杂姓，这些杂姓民众定居上伍堡已经有 400 多年，经过长期的融合，基本上放弃了原有的语言、信仰、习俗转而习得十二姓瑶族的文化，早已经与上伍堡十二姓瑶族形成了一个利益相关群体。不仅十二姓瑶族认可了他们，连外族群也认为他们是瑶族。把他们排斥在瑶族之外，而把迁离了上伍堡，文化与习俗逐步发生改变的十二姓瑶族后裔认定为瑶族，这既不科学也不合理。其弊端很快显现了出来，遭到了诸多群众的反对。根据湖南省民委反馈的意见，中共湖南省委统战部意识到了按姓氏确认瑶族简单化了瑶族的分布情况，也不符合瑶族的文化特点。很快中共湖南省委统战部发文终止了原文件。

① 资料源于江华县档案馆保存的文件。

就语言来说，上伍堡三宿的十二姓瑶族与过山瑶的语言相比，发生了质的改变，已经到了互相听不懂的地步。就共同地域来说，如果把居住地域放在南岭走廊这个共同体之中，过山瑶和伍堡瑶还可以说得上是共同地域。就共同的经济生活来说，过山瑶居住在山上，从事刀耕火种的游耕农业，伍堡瑶居住在丘陵谷地从事水稻种植业，两者的差别是显而易见的。就共同的心理素质而言，尽管十二姓瑶族在历史上认可“盘王”，神往“千家峒”，但是又在淡忘始祖“盘王”，重新塑造新的信仰对象。湖南省民委调查组在上伍堡三宿进行民族识别过程中，实际上并没有局限于语言、共同地域、共同的经济生活和共同的心理素质这“民族四要素”，而是根据成立江华瑶族自治县的需要，创造性地灵活运用“民族四要素”到民族识别实际工作之中，在民族识别过程中主要依据上伍堡的历史文化传统、与过山瑶的渊源、与“狗头瑶”的血脉相连来认定，因此具有一定的合理性。

第二章　互补性经济交往：伍堡瑶形成的基石

《后汉书·南蛮传》记载：瑶族“好入山壑，不乐平旷。”“瑶人聚落不一……山谷弥远，瑶人弥多……地皆高山……瑶人耕山为主，以粟、豆、芋魁充粮。其稻田无几。”由于生态环境多为高山峻岭，难以开垦熟地和水田，伍堡瑶只能以耕山为业。虽然瑶族是一个长期游离于中央王朝政治经济之外的族群，但从伍堡瑶形成的历史过程看，互补性的经济交往是其最终形成独特族群性的基础。这种转变是从定居、垦荒、入籍开始的。

第一节　渴望生存压力下的定居

依据民间史料，伍堡瑶能追溯到的始祖是唐养仂、李东仂等17户人家的垦荒定居。于此，官方的史书记载与地方性文献资料的记载不太一致。清康熙年间的《永州府志》记载如下：

三宿俱在上伍堡乃伍堡瑶也，洪武初年瑶老李东仂等共十七户约三百名本县申祥院道招抚下山，附籍大同乡，分立三十六户，每年纳粮一百八十石，免当差听调征剿，今生聚数千人把守梅子隘、春头镇、里松、草王等处贼岗出入。

清初，江华乃至永州的大部分区域，都被明末起义军借助万壑群山拥兵自重，抵抗清军。直至康熙年间，江华才真正被纳入清王朝的版图。清康熙年间的《永州府志》关于伍堡瑶的记载，相对于明朝万历年间的《江华县志》的记载详细了很多，如“招抚下山”；提到了伍堡瑶的入籍、纳粮免差以及“分立三十六户，每年纳粮一百八十石”；明确了伍堡瑶“把守梅子隘、春头镇、里松、草王等处贼岗出入”的职责，且守隘口的人数达数千人。尽管这个数据不一定可靠，但至少说明经过明朝以来几百年的发展，伍堡瑶的人口发展还是比较快的。永州府距离上伍堡三宿有几百里，中间还隔着单江岭，地势险峻，往来一趟非常不易。《永州府志》记载的内容基本上源自县令的汇报，但也具有一定的可信性。

清同治年间的《江华县志》是一部比较重要的县志，其对伍堡瑶是这样记载的：

三宿俱在上伍堡也，洪武初年瑶老李东仂等共十七户约三百名原系县令周于德协同百户韩恩招抚下山，准买大同乡民田秋粮壹百四十石三斗谷为业。编户四十又伍，每宿佥点一人为千长又立瑶老为之约束，后有征调惟听韩恩后裔遣。隆庆间有流寇劫锦田势甚猖獗，众相率官兵攻贼败之遂解十八寨之围，由此每年县给牛酒花红以犒之。沈郑邓唐为真瑶，他姓为赝瑶，土居为主瑶，瓦合为客瑶。真瑶自归化以来奉公守分虽贫亦不逋欠，不似三宿富瑶狡狯而多事也。

相比于康熙年间的《永州府志》，清同治年间的《江华县志》对伍堡瑶的记载更为详细，增加了伍堡瑶的社会组织和为封建王朝镇压贼寇做出贡献的记载。这也是地方官府出于治理瑶山的需要，对伍堡瑶持续关注的结果。据此记载，李东仂等 17 户瑶族原来是居住在山上的，是属于过山瑶，从事的是传统的游耕生计。后来，他们接受了县令周于德以及百户韩恩的招抚才下山定居的，下山定居也不是垦荒而是购买民田。

清同治年间的《江华县志》把 17 户人家定居上伍堡的原因归结为“招抚”。但招抚的原因和过程甚至具体的时间都没有说。“招抚”说，不符合伍堡瑶的实际，也经不起推敲。笔者试分析之。这 17 户人家实际上是在不同的时间，从不同的地方迁徙来的，17 户人家里面的族群来源是复杂的。从“三宿歌”及其现在的地名来看，十二姓瑶族都曾经在上伍堡三宿居住过，但并非都是从千家峒迁徙而来的，有的是山上的过山瑶，如邓姓瑶族，后居住在相公岭脚下，下山定居的时间不长。“真瑶自归化以来奉公守分虽贫亦不逋欠，不似三宿富瑶狡狯而多事也”的记载也说明在上伍堡居住的瑶族有17户瑶族，也有山上的过山瑶族。真瑶“奉公守分”、不欠粮税，而三宿的瑶族尽管富裕但“狡狯而多事”。由此可见，这个时候伍堡瑶贫富分化已经较为明显了，甚至引起了官府的关注。因此，在地方志中，把17户人家说成“招抚”下山是靠不住的。但是，这种说法的提出也有其政治历史背景。清王朝建立后直至康熙年间，上伍堡之境才被纳入清王朝实际管辖范围。官府对山上的瑶人则是鞭长莫及无法开展实际统治。因此，把已经定居上伍堡的伍堡瑶说成“招抚”下山，主要是显示封建王朝统治权威。

地方志的记载值得怀疑，那么我们可以从伍堡瑶内部文献中寻找伍堡瑶定居姑婆山北麓的原因。根据第一批定居者的族谱和《上伍堡三宿总册底引》的记载，17户人家到上伍堡的原因主要是寻找土地。伍堡瑶各个年代的粮册，第一句话就是：

江华县，古冯乘地也。原有七乡三十四里，八百余户，遭狄都指挥使过杀人民，田地抛荒，银钱粮俱无。洪武二年设江华县，至二十八年有蒋子槽，俱奏江华县死绝五百余家，学田民米八百一拾七担九斗五升。撂荒抛旧地。

上伍堡这片土地在岭北，早在秦始皇攻打百越各族时就有人居住。通往广西富川的各条隘口都是古道，著名的潇贺古道的东段就经过了上伍堡。西汉在此设立了冯乘县。在唐代，上伍堡还是冯乘县的县治所在地。明朝建立之初，县治也是设在离上伍堡十多里的涛圩。

伍堡瑶从千家峒迁出后起初到了永明、富川交界的山区丘陵地带居住，之后多次辗转迁徙才到达上伍堡。据《盘王青史》介绍，伍堡瑶先是在广西江西河一个叫沈家冲的地方居住。那里是一个峡谷，零星分布有小块平地可供耕种，两岸是高山峻岭和原始森林。这里的地理环境符合游耕的生计模式。17 户人家从千家峒迁出后，首先选择的是深山老林地带，一方面是生活习俗的需要，即他们习惯于在深山老林里进行游耕生活；另一方面是安全的需要，瑶山不仅是瑶族的衣食父母，瑶山还是他们天然的生命屏障。在沈家冲居住的有奉、唐、李、黄、周、盘、沈七姓瑶族，七姓瑶族在沈家冲建立了 12 个寨子。后来，因为气候恶劣、天灾不断，他们被迫迁徙到了平乐府富川县灵亭乡八界岭铜盆村，这是一个被众山环绕的小盆地，也是一个小千家峒。在这里，经过几年的开荒，七姓瑶族开垦出水田和旱土若干亩，种上了一些松树、杉木、楠竹、毛竹，生活有了基本的着落。可是，生活困难的奉某盗窃被人发现，瑶族民众被全部赶走，钱粮俱无。之后，这部分瑶族民众到了莲塘洞住了七年，又被当地人赶走。在明洪武初年，瑶族民众听说上伍堡人烟稀少才到这里垦荒居住。

第二节　垦荒土地与管理山场

定居既是结果也是原因。正是由于上伍堡能够给伍堡瑶提供获取能量的自然基础，伍堡瑶通过垦荒可以获取他们赖以生存的土地，他们才能在这片土地上开垦耕种、繁衍生息。在生产技术落后的远古社会，自然环境的好坏。可以决定一个族群能否生存繁衍。明清时期的姑婆山北麓人烟稀少，古树参天，原始森林密布，时常有野兽出没。笔者在进行田野调查的时候，常常听老人们回忆：在民国时期，上伍堡到处是大树，现在的田地那时基本上都是林地，这些大树在1958年“大炼钢铁”的时候被砍伐了。有一年发洪水，冲毁了一些田地，冲出了好多还没烂的原木。这在一定程度上与伍堡瑶初来之时上伍堡的自然生态环境是相吻合的。

一、熟田和生田的垦荒

17户人家初到上伍堡之时，按一户十口人计算，也就170来人。上伍堡南北有30千米长，东西有20千米宽。东南边的山场的面积至少有几十万亩。这是一片真正“人民少而禽兽众，人民不胜禽兽虫蛇”的地域。在这样一片广袤的土地上耕种居家，17户区区170来人就显得有些势单力薄了。由于地广人稀，面对荒废的土地，伍堡瑶面临的首要任务是复垦，把元朝客民弃逃时荒废的耕地复垦出来。垦荒的土地类型有两种：一种是被丢弃的熟田，另一种是生田。元朝客民留下的这些田原本是良田，但由于客家人的逃离而荒废了。根据民间文献《盘王青史》记载，这种良田上伍堡十分充足。尽管这些耕田已经荒废几十年甚至上百年，但基础还在，只要把那些杂草杂树砍掉，修复下田埂，恢复水利设施就可以了。这种耕田复垦起来很容易，伍堡瑶定居的第一年就复垦了大量良田。伍堡瑶定居的第三年便把所有的熟田复垦完毕。据《李氏族谱》记载，李东仂全家九口人，领到荒田45亩，经过一年的时间就复垦了30亩。李家边复垦边种植，当年就收获铜禾30倈（每倈约60千克）。

除去客家人留下的熟田外，上伍堡一带更多的是生田，也就是具备开垦条件的坡地，经过放火烧山、砍伐树木后，清除杂树杂草，便可耕种的田土。开垦这些坡地，就需要更多的人力资源。对于伍堡瑶始祖来说，其劳动力储备显然不够。这时，姑婆山上的瑶族便成了垦荒的有生力量。瑶族是个迁徙性很强的民族，喜欢沿着山冲移动。“南岭无山不有瑶”，上伍堡东面是茫茫姑婆山在明清时期是过山瑶活动频繁的区域。除过山瑶外，姑婆山还有排瑶。上伍堡防御的三条之一便是八排瑶。据大关塘一位 80 岁高龄的赵姓老人介绍：

听爷爷讲，过去金子岭山上住了好多瑶人，有姓邓的、姓赵的、姓盘的和姓冯的，有一年突然间搬走了，走了一天一夜都没走完，估计有上千人。这些人都迁徙到云南、贵州了，有几户人家后来又回来了。他们搬走后，开垦的田地就由两岔河的人来种，但这些田土不好种。

这位赵姓老人原本是两岔河的过山瑶族，中华人民共和国成立前是租伍堡瑶的土地种点粮食为生。中华人民共和国成立后，政府对所有的山场都进行了“四固定”，赵姓老人他们没有地方可以租种了，加上政府也分了山场和田土给他们，他们就由此从耕山模式转为定居模式。赵姓老人介绍的过山瑶迁徙点在三卡冲里面，现在已是一片荒废之地。从他的介绍中我们可以得知，以前姑婆山上居住着不少与伍堡瑶比邻而居的过山瑶。伍堡瑶复垦上伍堡之事，也传到他们耳中，过山瑶人胆子比较小，不敢冒险，他们看到伍堡瑶垦荒几十年后，还是相安无事，也就陆陆续续搬到山下，和伍堡瑶一起开荒。现在最靠近金子岭的岭脚、招礼就是过山瑶最先的居住点。他们之所以选择山脚是有理由的：山是他们族群的庇护，一旦出现险情，他们就会迅速躲到山里，借助姑婆山保存自己。马克思在谈到自然对人的作用时说："人类依赖于自然就像儿童依赖引绳一样。"[①] 由于过山瑶的不断下山定居，伍堡瑶的人口也就越来越多。到明正统十三年（1448 年），伍堡瑶从开始的 17 户发展到 44 户，人口也由之前的 170 多人增加到 340 多人。上伍堡由于居住人口不断增加，加上熟田复垦完毕，需要对生地进行开垦，加上地域广大不便于管辖，因此伍堡瑶有必要对上伍堡这片广袤的地域进行细分。

上伍堡 17 户伍堡瑶的领头人是奉、唐、李三姓瑶人，每一户负责守卫三个隘口，因此根据守卫隘口的需要，上伍堡被分为三个片区，每个片区为一个宿，共计三个宿，即平岗宿、旦久宿和竹子尾宿，每一个宿由一个头领负责守卫。按照先后顺序，旦久宿为头宿，奉子仂、奉富四管理；二宿是平岗宿，由唐养仂管理；三宿是竹子尾宿，由李东仂管理。根据《上伍堡三宿总册底引》（见图 2-1）的记载，旦久宿管辖的范围，东至草岭隘，西至斜栎隘、石梯隘；平岗突管辖的范围，南至牛步隘，东至红花隘、流车隘等；竹子尾宿管辖的范围，西至石墙隘、香草隘，南至梅子隘。伍堡瑶所承担的粮赋是非常少的。三宿的设定，既是管理范围的确定，又是军事职能的明确，隘口处都是山场森林或险峻的通道，可耕种的水田十分缺乏，即便有田土，由于与西粤各瑶过于接近也不宜耕种。与定居之初按照多劳多得、各取所需的原则复垦熟田不同，上伍堡分三宿入籍造册后没有开垦的"生地""生田"就依据地域原则进行了重新划分。主要原则就是重新丈量土地，根据居住范围以宿为单位进行造册领田。

---

① 马克思. 资本论：第 1 卷［M］. 北京：人民出版社，1957：630.

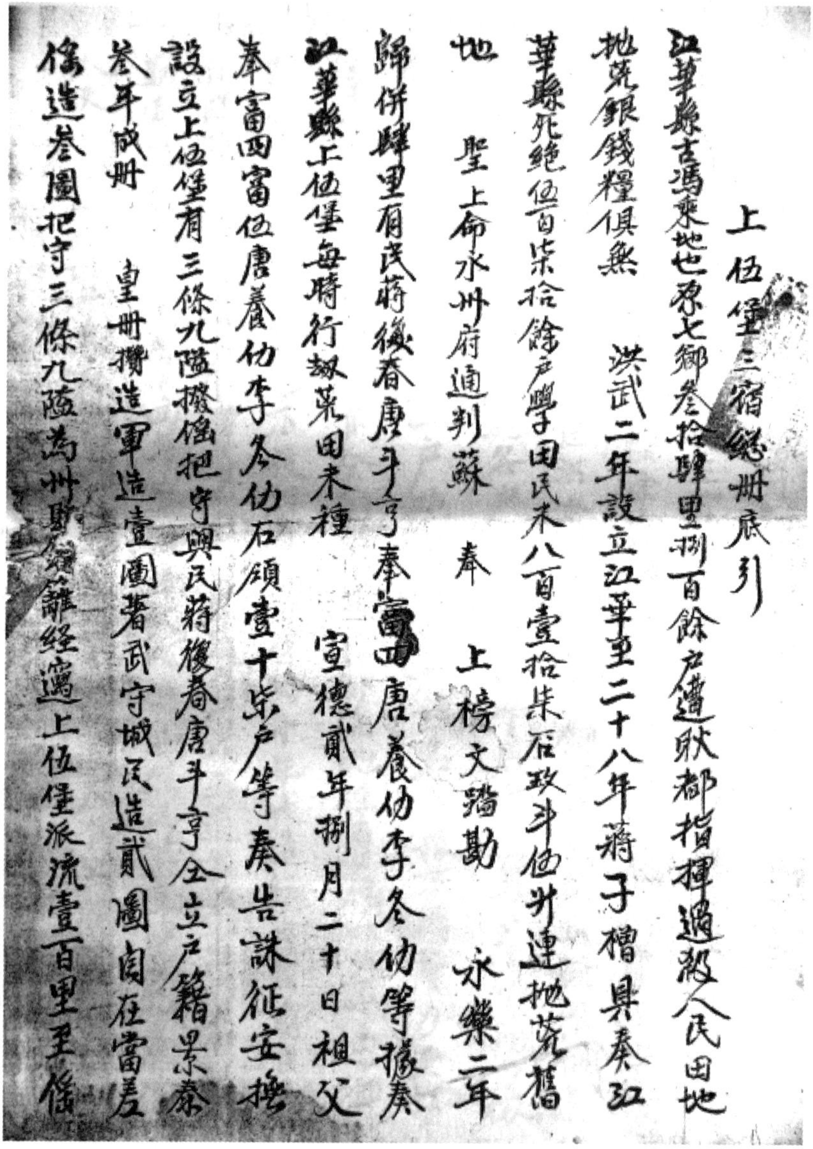
上伍堡三宿總冊底引
江華縣古馮乘地也原七鄉叁拾肆里捌百餘户遭猺賊都指揮過殺人民田地
拋荒銀錢糧俱無　洪武二年設立江華里二十八年蔣子禮具奏江
華縣死絕伍百柒拾餘户學田民米八百壹拾柒石玖斗伍升連拋荒舊
地　聖上命永州府通判蘇　奉　上榜文踏勘　永樂二年
歸併肆里有民蔣復春唐斗亨奉富田唐養仂李冬仂等據奏
江華縣上伍堡每時行撥荒田未種　宣德貳年捌月二十日祖父
奉富田富伍唐養仂李冬仂石頭壹十柒户等奏告誅征安撫
設立上伍堡有三條九隘撥猺把守與民蔣復春唐斗亨仝立户籍景泰
叁年成冊　皇冊攢造軍造壹圖著武守城民造貳圖肉在當差
條造叁圖把守三條九隘為州縣籬經邁上伍堡派流壹百里里條

图 2-1 《上伍堡三宿总册底引》

《盘王青史》里面对各宿所领之田做了较为翔实的记录：

一宿奉富四具领石圳、栎头峒田，只税五亩；一处莲塘洞之田，四百一十七坵[1]，带荒田丈量，税五十亩；一处枫木坠，石灰圳、栎头峒等九十八坵，熟田十亩，荒田十八坵，税五十亩。奉子俫名下另领田，一处井田，蕉栎洞，荒田、熟田均未踏勘丈量，内有二百五十坵，只税八十亩。共计领田一千一百七十五坵，税四百亩。

二宿唐养仂名下共领田一千二百八十坵，只税七十八亩，其余免税。

三宿李冬仂共领田五处合计一千八百零五坵，只税二百四十九亩。另领荒田一千二百零二坵未税。

三宿头户共计领田五千四百九十二坵，只税四百七十亩，以四十四户计算，平均每户一百三十五坵，以人口计每人一十五坵。

《盘王青史》的作者所选取的材料，基本上源自其祖上的手抄资料，尽管作者在整理的时候加上了许多自己的观点，但在资料和数据选择上还是具有一定的可信性的。从《盘王青史》中，我们大体上可以知道，在三宿之间划分田亩的方法类似于我国20世纪80年代初期的农村土地改革的做法，主要是按照户数的多少和居住的远近划分田土。

二、公共山场的管理与使用

笔者在上伍堡进行田野调查的时候，常常听到“伍堡三宿”的说法。“伍堡”是个古地名，是秦始皇驻军攻打百越时留下的一个定居点。那么，“三宿”是什么呢?“宿”与“峒”“溪”“冲”一样是瑶族居住地的名称。“上伍堡三条九隘九源，各守各的隘，各守各的源”，“条”是泛称，主要

① 注：“坵”同“丘”，即水田分隔成大小不同的块，一块叫一丘，下同。

是指远瑶和苗族，距离伍堡瑶都有一定的距离。“隘”是隘口，是一些具体的通道，有的通道就是古道，南岭少数民族在这些古道上来来往往已有几百年了。这些隘口都在石山中间，自然生成，只容一人通过，有一夫当关万夫莫开之险峻。连接隘口的通道则是过山瑶迁徙的生命通道，或者沿着山麓盘旋，或者绕着溪流蜿蜒，不易被人发现。这些通道也是族群互动的通道、贸易通道。这些隘口分布于伍堡瑶的四周，是伍堡瑶与过山瑶和梧州人的空间分界。各宿的主要职责之一是守隘口，这就涉及公共山场的管理与使用。三宿进行划分的时候，只是划分了田土，对山场、丘陵等“生地”又是怎样处理的呢？在三宿内部，山场大体上有三种形式。第一种是属于各户所有的茶子山和可开垦的山地。这些山地地势平坦，距离定居点较近，可以开垦为菜园地或木园地，每家每户都有。第二种是属于纳税户，或者村集体（伍堡瑶几乎都是单姓村，一个村基本上都是由同一个先祖繁衍而来的）的山场。这种山场主要在东部山脚下，主要用于放牛和砍柴做燃料。第三种是属于整个宿的山场，人人都可以砍柴、开荒耕种，但所有权属于宿，任何人都不能私自占有。这类山场往往距离居住点比较远。

17 户人家之一的李永仂的子孙保留了一本清康熙年间的族谱，这是笔者在三宿看到的最早的族谱。该族谱里面对李永仂的田土山场范围有明确的四至界限，除了标明土名外，还附有地图，范围十分明确细致。《盘氏族谱》对公共山场的管理有了明确的规定。笔者试以钱塘村盘姓为例，做进一步的说明。关于三宿的山场，“凡属高峰岭歧均与平岗宿九庙人朋管，或割草采薪或伐竹织箩或开垦种植听其自便，惟不能认为吾族私有致起争论”①。由于公共山场距离村落很远，人迹罕至，人人都可以去割草采薪，

① 《盘氏族谱》写于 1923 年，现保留在平岗宿财塘村盘良道家里。

甚至开垦种植，这些公山由于路途遥远、森林密布、地势险峻，就是开垦出来种植作物，也会遭到虫兽的破坏而一无所收。“上下楼台山亦属于九庙人共公之山，逐年供给九庙人打石烧灰出料起屋，阴地各点各葬，外宿人则不许可。或开垦种植或采薪割草任由本村之人各村不得干涉，即各村之人到此我亦不能阻止此系九庙公共之业不得以开垦种植割草采薪认为己有也。”① 这些公共山场向各户瑶民提供了阴地和建筑材料等，只要是宿内的瑶民，都可以各取所需进行采伐使用，而不能互相干涉以致产生矛盾，影响团结而产生内部的离心力。除了本宿的公共山场之外，伍堡瑶还有属于整个族群或村落的山场。

在坚持族群内共有的前提下，人人都具有使用权，户户均可去开垦种植，其获得的劳动果实归各自所有。这对那些劳动力多，尤其是男丁比较多的家庭来说具有很大的优势。同时，这也是一种奖勤罚懒的习俗。勤劳者容易通过自己的辛勤劳动获取更多的资源，积累更多的财富。由于存在着鼓励勤劳致富的社会习俗，伍堡瑶定居 100 年左右，最迟在明万历年间就已经产生社会分化。《盘氏族谱》中记载：“一土名屋柱塘山塘各一口皆属共公之业，惟曲尺塘概系田亩逐年定租一千斤，吾第七世祖福盛公遗下产业应归其子孙享受公共管业也。”② 其意思是说曲尺塘的田属于太公田。太公田的来源主要有以下三个：一是祖先遗产。伍堡瑶以主干家庭为主，儿子长大后即分家，而父母的不动产，包括房屋、土地等财产，除留一份供自己养老外，其余的均分给儿子。当父母去世后，这份不动产很少进行再分配，相应地就成为子孙的公有财产，其收益归子孙所有。二是祖先收

① 《盘氏族谱》写于 1923 年，现保留在平岗宿财塘村盘良道家里。
② 《盘氏族谱》写于 1923 年，现保留在平岗突财塘村盘良道家里。

入所得买入的土地山林。祖上留下的不动产以田土居多，这些田土租出去后获得的谷子，要么变卖成现金要么以租谷形式放贷，之后收益再购买田地。三是绝房户的山地山林，往往由其近亲共同继承而成为太公田。

伍堡瑶的勤劳刻苦是出了名的，他们依靠自己的勤劳，在明洪武二十三年（1390 年）就住上了黄土冲墙屋。到明正统十三年（1448 年），在岭歧和山上居住的瑶人纷纷下山居住到上伍堡，户数增加了 27 户，合计 44 户，人口达 335 人，建立了 30 个小村子。正是由于在上伍堡地区定居的人越来越多，活动越来越频繁，才引起了明王朝地方官吏的注意。明万历年间的《江华县志》首次记录了伍堡瑶的居住情况。因此，不管是清康熙年间的《永州府志》还是清同治年间的《江华县志》都提到，县令将伍堡瑶招抚下山，之后把伍堡瑶的 335 人分为 44 户。这并非全是虚构的，其记载的不是居住之时的情况，而是一段时间的情形。这 44 户人家当中，有 27 户是从山上迁徙下来的。说成是县令招抚下山的，有邀功请赏的心态，地方官府一直把山上的过山瑶认定为“熟瑶”，也就是与“民”一样，能够缴纳赋税。在他们看来，“熟瑶”是介于过山瑶和“民”之间的，既纳税而不当差，又入了籍，接受调遣。这样的话，既保持了地方的稳定又增加了税收，这与明王朝成立之初对少数民族的轻税薄役政策相一致。

三、伍堡瑶的社会分层

据《盘王青史》的作者李克勇介绍，明崇祯三年（1630 年）上伍堡就出现了许多富翁，社会开始出现分化。此时，伍堡瑶已经在上伍堡定居 200 多年。根据上述分析，盘氏的第七世祖就已经累积私有财产，也就是在明弘治年间，伍堡瑶地区就出现了明显的贫富分化，形成了社会分层。

上伍堡民间对17户人家的记载有微妙的差异，主要是用李仲武替代了李永仂。根据《李氏族谱》中的记载，李仲武乃李永仂的第十二世子孙。那么，为何用十二世子孙取代始祖呢？这是很有意思的现象。在李永仂一脉中，李仲武是个年轻有为的先祖，其成就高过了始祖李永仂，于是后裔更愿意选择才华更加出众的李仲武为先祖。李仲武是上伍堡17户之一的李永仂的十二代子孙，是明万历年间人士。其母亲林氏，是道县的一个女官，相当于一个县长。借助母亲的特殊身份，李仲武积累了不少财富，买了不少田地。此时的伍堡瑶内部贫富分化已经比较严重。

伍堡瑶对贫富的划分主要是依据拥有土地的多少，而计算土地的多少依据的不是现在以亩为单位的面积计算方法而是按照产量来确定的。每收获30 倈（一倈为60千克，下同）铜禾为一亩。大概就是年收获1 000 倈铜禾，就算财主。铜禾的茎很长，除去茎部的重量，一倈铜禾只有30千克左右的谷子。按此计算，1 000 倈铜禾，也就是产约3万千克的谷子。在那个年代，有了铜禾，就意味着生活有了着落。伍堡瑶的家庭一般由三代构成，由于财产累积不易，分家情形比较少，扩大家庭比较多。第一批居住者共17户，人口约为300人，按此计算，每户人口约为18人。每户收获的谷子除用来填饱肚子（维持基本生活）外，所剩不多。可见，伍堡瑶所说的财主，也就是除去消费略有结余的人。尽管伍堡瑶大约在明弘治年间就出现了贫富分化，但内部的贫富分化还是较缓慢的。

关于伍堡瑶内部出现贫富分化的原因，由于缺乏史料，我们只能依靠现有的零散资料以及伍堡瑶的社会制度和习俗进行分析。贫富的分化是从土地的买卖开始的。在定居之初，伍堡瑶奉行的是谁开垦谁拥有的政策，因此不存在贫富分化的社会条件。入籍和造册是伍堡瑶发生贫富分化的基础。在此之前，他们的族群身份一直没有受到官方的认可，主流社会视他们为“野蛮人”，是官府“剿杀”的对象，瑶族只能靠不断在群山之间游动获取保存自身的机会。在生存都得不到保障的时候，哪里会有土地交易呢?

拥有土地，过上自耕自足的农耕生活，是伍堡瑶民众的梦想。追求更多的土地是伍堡瑶民众共同的愿望。土地的交易离不开剩余财富的获取。通过分析伍堡瑶累积财富的渠道或手段，我们可以了解伍堡瑶历史上的社会经济关系。从现有的资料来分析，伍堡瑶累积财富的手段主要如下:

一是节衣缩食，辛勤持家。尽管伍堡瑶所耕种的田地维持基本生活都有些困难，但在同一片土地上进行精耕细作，通过劳动力和生产资料的不断追加有效投入可以提高产量。此外，伍堡瑶除去个人所有的田地外，还拥有公山，只是这些公山距离聚落有些远，自然环境也相对恶劣，常受到禽兽的侵扰。按照传统的习俗，伍堡瑶在坚持公山宿内所有的基础上，采取谁开垦谁使用、谁种植谁受益的措施。因此，伍堡瑶在一些水源条件较好的地方开垦出一些零星的土地，种上薯类和豆类，运气好的话，可以获得一些收入，弥补家用的不足。姑婆山属于亚热带湿润气候，土壤呈碱性，非常适合油茶和杉树的生长。伍堡瑶适当加以开垦，种上油茶树和杉树，几年或十来年就可以有一笔不菲的收入。过山瑶非常擅长开垦土地，他们从小就是在不断开垦土地的过程中长大的。因此，伍堡瑶中源自过山瑶那部分群体经常于农闲时在公山上垦荒种植，以此弥补家用的不足。他们的生活比起其他群体来说要更好些，也更容易获取剩余的生产资料。在田野调查过程中，笔者常听到奉、唐、李三姓的老人讲起他们先祖几天几夜在公山里垦荒不回来的事情。

二是收取地租，经营土地。与伍堡瑶居住在同一区域的还有山上的过山瑶以及后来的客家人和民家人。过山瑶没有自己的土地，主要是靠开垦山谷间人迹罕至之处，广种薄收。伍堡瑶在各个隘口都布置了守卫力量，划山为界，这样就限制了过山瑶垦荒的机会。没有下山定居的过山瑶，要么迁徙，要么租种伍堡瑶的山场进行垦荒。由于明王朝在少数民族地区普遍实行户所制度，安排归化的各少数民族守卫隘口，因此对于过山瑶这样的垦荒群体来说，其生存空间就受到了打压，无奈之下只好选择租种伍堡瑶的山场和土地。租金一般都达到收入的30%甚至50%。部分伍堡瑶将开垦好的荒山租给过山瑶耕种以此获得较高的收入。笔者在两岔河乡灯草村调查时，与一位80岁左右的老人聊天，她告诉笔者，他们过去都是租种伍堡瑶的山场耕种。每年的收入的三成要给伍堡瑶，并且开春的时候还要请伍堡瑶吃一餐饭。开垦公山然后租给过山瑶耕种从而获取较高的回报在伍堡瑶曾经流行过，但后来引发了内部的混乱和争议，三宿头人在地方衙门的支持下才禁止此类行为。于此，我们可以从给照（特许状）来进行分析。

早在清嘉庆年间之前，开垦公山租给过山瑶耕种来收取租金已经成风，同时也引发了部分伍堡瑶的不满。不满者就将此事上告到了官府。官府处理的办法就是息事宁人，干脆就封山禁止垦荒耕种。但是，官府的封山措施并没有起到很好的效果。

据记载，尽管清光绪八年（1882年）时，江华县的知县已经就唐达道盗批山场给过山瑶赵成昌耕种一事做了退批头钱以及封禁的判决，但唐达道并没有执行，不仅封禁之事未能执行，连批钱都没有退还。在这种情况下，赵成昌仍旧在山内耕种杂粮。清光绪八年（1882年）的知县判决成了一纸空文，这也为进一步的诉讼埋下了伏笔。从清光绪十一年（1885年）

的一份给照（见图 2–2）中可以看出，自清光绪八年（1882 年）以来，平岗宿山场的自行批佃、私自相授、盗批盗垦之风不仅没有停止，反而还呈现愈演愈烈之势，导致了诉讼的再次发生。

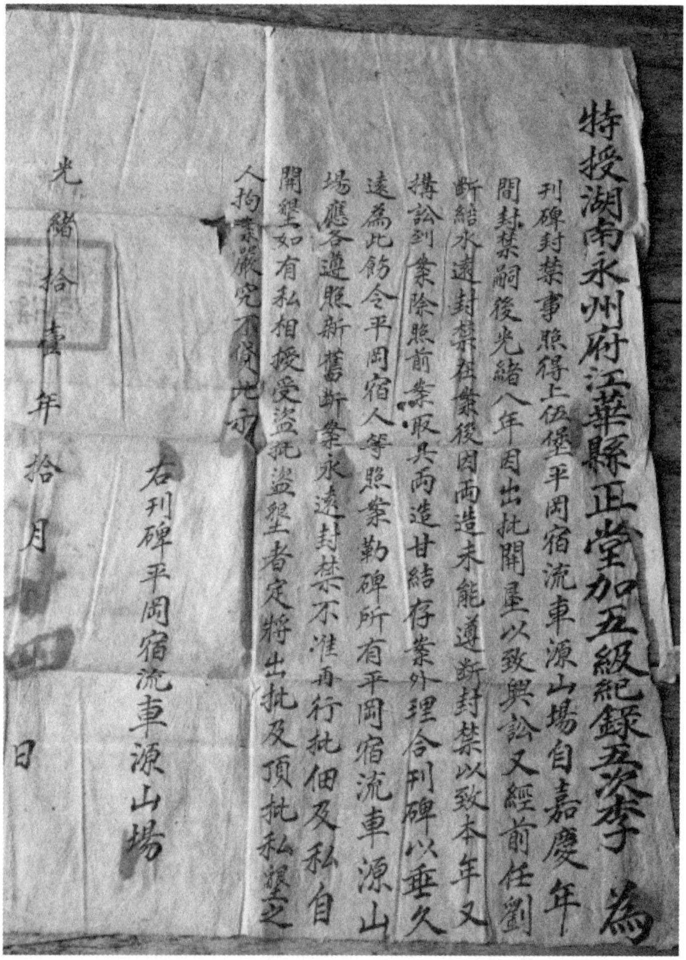
特授湖南永州府江華縣正堂加五級紀錄五次李 為
刊碑封禁事照得上伍堡平岡宿流車源山場自嘉慶年
間封禁嗣後光緒八年因出批開墾以致興訟又經前任劉
斷結永遠封禁在案後因兩造未能遵斷封禁以致本年又
搆訟到案除照前案取具兩造甘結存案外理合刊碑以垂久
遠為此飭令平岡宿人等照案勒碑所有平岡宿流車源山
場應各遵照新舊斷案永遠封禁不准再行批佃及私自
開墾如有私相授受盗批盗墾者定將出批及頂批私墾之
人拘案嚴究不貸[illegible]示
右刊碑平岡宿流車源山場
光緒拾壹年拾月 日

图 2–2　清光绪十一年（1885 年）的给照

从图 2–2 所示的给照看，知县加大了整治力度，不仅重申了延续清嘉庆年间以来的封禁制度，对清光绪八年（1882 年）的判决予以坚决执行，为了显示整治的决心，还给涉案双方严厉的警示。

三是社会交换获取收入。不管是三宿的奉、唐、李三姓头户长，还是17户户长，他们都是粗识文字之人，接受了基本的文化教育。这些户长都是本民族的文化人，掌握着宿内和户内的祭祀以及习惯法的特权。17户人家到达上伍堡后为了在自保中求得生存，接受了封建王朝给他们设立的千户长制。这种社会制度集户所制与瑶老制于一体，架起了伍堡瑶与外族群、与地方衙门之间沟通交流的桥梁。据杨鹤书考证，八排瑶的千户长每年都从官府领取一定的饷金。那么，伍堡瑶的千户长是否能获取饷金？据《盘王青史》记载，到明永乐十年（1412年）时，伍堡瑶向明政府纳粮的田亩数达到了400亩，平均每户纳粮的田亩数为10亩。地方官府禀报上司后，上司赏赐白银47两给伍堡瑶，另外还奖励奉、唐、李三头户每人一两白银。伍堡瑶于明景泰六年（1455年）开始办冬学，冬学办了10年，培养了420个学生。官府奖励了三头户每人15两银子。由此可见，千户长尤其是头户千户长，在跟官府打交道的过程中，经常会有些收入，这笔收入自然可以累积起来添置田产了。这样的话，千户长也就能有机会获得更多的财富。上伍堡大概在明弘治年间就开始出现了田地的交易，在明万历年间达到一个高潮。在田土交易中，伍堡瑶往往需要立字据、写契约，还需要千户长到场佐证或充当中间人。能立据之人，无非是些受过教育的千户长的后代。不管是作为立据的中间人还是撰写契约者，都有一定的报酬。交易越频繁，收益就越多。当然伍堡瑶累积财富的方式因人而异，上面提及的只是具有代表性的方式而已。

第三节　伍堡瑶的入籍

17户人家以及后来陆续下山定居的44户人家，通过自己的辛勤劳动，把一度荒废的上伍堡开发得风生水起。但在民家人看来，伍堡瑶依然是缺乏正式身份的“另类”。聚居在上伍堡的伍堡瑶尽管告别了游耕，但还没有入籍，没有纳税，缺乏封建王朝子民的身份。由于自身实力的不足，要想在这片肥沃的土地上生存，就必须寻求王朝政府的保护，纳税与入籍就显得十分重要了。因此，上伍堡17户，定居之后就千方百计争取入籍。据《上伍堡三宿总册底引》记载，明洪武二十三年（1390年），17户人家的头领商量将上五堡的定居情况写成奏文给江华县令和永州府尹。奏文内容如下：

吾等瑶族是盘王十二姓后裔子孙，系从千家峒被元军于1333年3月13日……驱赶出来的……于1382年找到这荒凉、杂草丛生的上伍堡，现已经居住八年。

瑶民等听闻，上伍堡居住着800多户客家民，被元军杀绝500多户，剩余者东逃西散，上伍堡田地抛荒、草木丛生、荆棘满地、国课空虚。（瑶民）目睹胜境抛荒，殊为可惜，如果复垦，既可养活千家万口，又可充实国库，增加政府税收，实为国家大利也。瑶民等愿居斯境，复垦被抛荒土地恢复良田，发展农林，祈县府上奏圣君，准予瑶民之愿，赐予安居乐业，载入史籍，不胜感恩戴德之至①。

① 李克勇撰写的《盘王青史》（未刊稿），略有删改。

这份奏文，既叙述了瑶民从千家峒逃出后的艰难迁徙过程，也诚恳地向地方官府表达了瑶民愿意在此开垦荒土、纳税入籍的愿望，其实也就是想获取官府的许可，允许他们在这片土地上安身立命。

此本上奏后，江华县令和永州府尹并没有什么反应，可能是封建王朝官吏对瑶族的戒备心还没有消除。明永乐二年（1404 年），在地方名流义士蒋复春、军人唐斗享的支持下，奉、唐、李三户以上伍堡荒田未种、经常受到匪徒打劫为名再次向官府上奏。或许是由于有了地方名流和军户的力荐，此次上奏引起了封建王朝统治者的重视。永州府通判苏文远奉旨前来处于蛮荒之地与西粤交界的上伍堡瑶岭山川勘察土地山场。苏文远的勘察上伍堡为 17 户人家入籍打下了扎实的基础。明宣德二年（1427 年），17 户人家联名与蒋复春、唐斗享再次上奏，并获得了永州府尹的批准，设立三条九隘。入籍只是 17 户人家获取定居上伍堡的一个资格，此后他们便具有了合法的身份，向“熟瑶”迈进了一步，初具文明之特征。但是，此时的他们并没有完全获取封建王朝政府的信任，还没有被纳入黄册。黄册是明王朝控制边疆少数民族地区的措施之一，也就是对边民逐一统计人口和土地，按土地面积征收赋税。一直到明景泰三年（1452 年），封建王朝政府才终于造册把 44 户瑶民一起纳入黄册，伍堡瑶终于成为封建王朝的子民，在法理上取得了合法的居住权。皇册的造立使伍堡瑶获得了正式的名分，给他们带来了“护身符”。与此同时，官府对各方的职责也做了明确的区分。军户的职责是用来守卫，保一方平安；瑶民的职责就是“守瑶”。职责的明确给瑶民吃一颗定心丸。44 户瑶民正式开始了他们的新生活。

入籍在伍堡瑶的社会中具有重要的影响，这意味着他们开始被主流社会认可，成为封建王朝的合法子民，他们的生命财产得到了封建王朝的保护，从此不用混迹于在深山野林中，可以在上伍堡这片肥沃的土地上繁衍与生存。黄册既是伍堡瑶的“护身符”也是他们的“法律”。黄册明确了纳粮的形式和土地买卖的范围。相关条文在明万历十四年（1586年）立碑，作为律令在伍堡瑶中实行。立碑的目的是明确相关条文的严肃性。此后，明崇祯四年（1631年），相关条文再次立碑。立碑之后，相关条文就具有了权威性，谁违反就将受到官府处理。这些条文中最重要的一条是关于田地买卖的范围，即“瑶田瑶地瑶买瑶卖不过都乡”。这种规定的主要目的是确保土地的延续性和不外流，以此达到族群延续的目的。伍堡瑶正是因为依附了上伍堡这片土地才终止了漂泊，才有了生活的保障。没有这片土地的话，他们依然要过着“食尽一山则他徙”的居无定所的生活，拥有土地是他们千百年来的梦想。当梦想实现的时候，他们自然倍感珍惜，没有谁比他们更懂得土地的珍贵。如果他们宿内的土地允许外部族群购买的话，那么经济实力不如外部族群的他们将有可能被外部族群兼并，他们的生存就会受到威胁。因此，伍堡瑶不得不对土地的买卖进行严格的限制。从现有的资料来看，伍堡瑶对土地尤其是田地买卖的限制是执行得比较好的。黄册十年一造，即把十年来发生的土地交易都清楚地记录在案。上伍堡现存的各宿黄册，基本上都是民国时期的，最早的是1922年，最晚的是1942年的，各黄册记录的田地买卖大多是在本宿内完成的，极少数是与外宿瑶民之间交易的。与民家人交易田地的现象更是基本没有。在伍堡瑶看来，山场与田地是有区别的，田地不与外部族群交易，不等于山场和丘陵也不与民家人交易。笔者在进行田野调查时，在客家人居住的倒水湾村和民家人居住的船岭脚村都发现了一批地契。其中，船岭脚村的地契是写在族谱上的。船岭脚距离河路口的路程不远，迁徙者大约在清乾隆年间到达船岭脚居住。他们到来的时候，整个上伍堡基本上没有了他们的立足之地。起初，他们靠租种竹子尾宿的集体山场居家过日子，后来才逐步购买了部分山场，但没有发现购买田地的契约。与船岭脚民家人几乎同时到达的倒水湾客家人，自从清道光年间就在不断买山场，但笔者也没有看到购买田地的契约。

第三章　共享性生态空间：伍堡瑶形成的物质基础

以十二姓瑶人为代表的伍堡瑶最终形成了独立的族群，与姑婆山北麓提供给他们的适宜多元生产的生态环境有重要关系。本章从生计模式的角度探讨伍堡瑶形成的物质基础，从与过山瑶生计模式的比较中探索伍堡瑶生计模式的变迁。

据《千家峒源流记》记载，十二姓瑶人在千家峒居住期间以农耕为主，并纳税。他们逃离千家峒的原因之一就是自然灾害造成粮食歉收，交不起税，遭元军征剿后被迫逃离。那么，在千家峒之前呢？之前，他们定居在哪里？他们又以何业为生？由于史料的缺乏加上年代的久远，无法详细考证。奉、唐、李三姓的族谱都提到了他们的始祖是“由赣入湘”，与赣州交界的地方就是古潭州，也就是现在的岳阳、长沙、株洲、湘潭、娄底一带，就河流而言便是洞庭湖长江流域。由此可推测，他们在“左彭蠡右洞庭”一带居住过，这与过山瑶的迁徙史是一致的。在伍堡瑶的民间语言中现在还有“湘潭”“汉口”之类的语言，可能就是定居古潭州一带遗留下来的古词韵。中华人民共和国成立前，奉、唐、李三姓举行“朝踏”仪式，在叙说先祖来源之时，要求师公说湘潭话。“朝踏”仪式长达七天七夜，仅仅仪式文本就有九册，整个仪式基本上都是说瑶语，但为什么就是在叙说先祖来源的时候说湘潭话呢？合理的解释就是他们的先祖曾经在湘潭一带定居过一段时间，与湘潭的本土文化发生过文化的互动，吸取了他们的文化因素，居住期间也曾经发生令伍堡瑶先祖刻骨铭心的历史事件。在探讨伍堡瑶的生计模式之前，我们先分析一下过山瑶的生计模式。

第一节　瑶族传统的生计模式

任何一个族群的生计模式都不是单一的，有主要的也有次要的，只有形成一套具有互补性的生计模式才能为本族群提供足够的能量。历史上的过山瑶也不例外。

在外族群看来，瑶族的生计模式是以刀耕火种为主的耕山模式。历代文人对瑶族刀耕火种的耕山模式记录颇多。宋人张淏在《云谷杂记》卷四中云："沅、湘间多山，农家唯植粟，且多在山岗，每欲布种时，则先伐其林，纵火焚之，俟其成灰，即布种于其间。如是，则所收必倍，盖史所谓刀耕火种也。"从宋朝开始的原始的耕作方式历经近千年都未尝改变过。《皇清职贡图》记载："（庆远府过山瑶人）僻处山巅，以焚山种植为业，地力渐薄，辄他徙。"① 清宣统二年（1910 年）的《桂田等村石牌》记载："瑶内众等，前蒙圣赐评皇券牒，受封入山，刀耕火种。"② 瑶族文书《评皇券牒》（《过山榜》）对瑶族的传统生计模式有较多的记载。其主要是记载瑶人入山居住、刀耕火种、权利是怎样来的以及耕种范围是"离田三锹之上，离水三丈六尺"之地。相传平王与高王争夺国土，盘瑶的先祖龙犬盘瓠帮助平王，咬死高王，立下卓越战功，得以娶三公主为妻，所生六男六女被平王赐姓，并授予耕种天下名山广泽之权利。

既然刀耕火种是过山瑶支系主要的传统生计模式，我们先就这种耕作方式做一个简单的介绍。刀耕火种是指先砍树割草，就地晒干后，放火烧毁，清理干净后即行耕种的一种方式。刀耕火种也叫烧畲田。其程序如下：耕种者选择地势缓和、树林茂密、植被丰富、腐殖层厚、在 25 度左右的山坡，将树木砍倒，杂草割掉，开出火路。待树草晒干后，耕种者放火烧山，一般是从山上开始点火，火顺着山势由上往下蔓延。这样，既可以

① 傅恒，董诰，等. 皇清职贡图・卷四［M］. 沈阳：辽沈书社，1991：390.
② 莫金山. 瑶族石牌制［M］. 南宁：广西民族出版社，2000：137.

充分燃烧，也可以控制火势。烧完后过一两天，耕种者清理土地，把没有烧完的树枝砍掉，烧完后的草木灰就是难得的肥料。之后，耕种者进行点播，即用削尖的木棒挖个小洞，放入旱稻或玉米等农作物的种子，再放入草木灰，最后覆盖一层土就可以了。由于没有翻耕，农作物的根系不发达，吸收不了多少养分，并且养分也不多，因此产量很低。在过去，瑶区没有田亩的概念，而是以谷种论收获的产量。就旱稻来说，每 1 斤（1 斤等于 500 克，下同）谷种第一年可收获谷子 10~15 斤，第二年可收获谷子 8~10 斤，第三年可收获谷子 4~6 斤，之后就没有耕种价值了。因此，民间有"一丰二平三减四丢"的说法。所丢荒之地，一般要 10 年左右才能恢复地力。《粤剑篇·志土风》记载："瑶民处深山之中，居无栋宇，以芒为命。芒似芋，遍山种之，食一山尽，复往一山，与北虏之逐水草驻牧相类。"① 过山瑶依靠这种生计模式在南岭山中不断迁徙，八年一个轮回。故有俗语："年年开垦年年荒，八年又回老地方。"

过山瑶尽管"食尽一山则他徙"，但这不是说过山瑶不想定居，而是说明他们对山场的依赖性很强，他们迁徙的原因是山场地力耗尽、难以产出，被迫迁徙另寻未经垦荒之地，每一次迁徙都是一次无奈的辛酸之举。

刀耕火种农业属于生产力低下的原始农业，是粗放型农业。这类农业生产工具简单，耕作技术落后，单位产量低，对土地要求比较多。耕种者只有广种薄收，才有可能维系基本的生存。只有那些条件恶劣、人迹罕至的深山里，才具备广种薄收的条件。过山瑶在定居之前主要在山多地少的山区迁徙与游耕。他们的土地主要有两类：一类是水田。少部分水田在山间平地的近水源处，受地理环境的影响，这部分水田基本上是小梯田。其

① 吴永章. 中国南方民族文化源流史［M］. 南宁：广西教育出版社，1991：5.

面积小、耕种不便，加之水冷、光照不足，导致耕种周期一般要 4~5 个月，产量也极低，亩产一般不高于 300 斤。另一类是旱地。旱地主要是林间的空隙地和砍伐森林、放火烧山后开垦的“畲田”。这种畲田比较贫瘠，往往只能耕种 2~3 年，之后由于地力耗尽而不得不放弃。畲田的产量也很低，每亩不高于 200 斤。或许有人会问，为什么不可以给土地施加肥料呢？不是瑶人不愿意施肥，而是无肥可施。瑶人是迁徙性的民族，很少拥有田地等生产资料，连牛羊猪等大型牲畜也很少。没有这些大型牲畜就没有了粪肥，因此他们能够使用的肥料就只剩下的草木肥和土地本身的肥力。几年下来，待地力耗尽后，他们就不得不重新寻找可利用的山地进行开垦。在过去，瑶人的一生就是在这种开垦荒地和寻找山地中度过的。

过山瑶烧山耕种的作物是什么呢？宋代周去非《岭外代答》对此做了回答：“傜人耕山为生，以粟豆芋葵充粮，其稻田无几。”粟、豆、芋都是耐旱作物，且耐贫瘠，适合在坡地上生长，因此深得瑶人喜欢。清代以来，旱稻开始传到瑶族聚居区，迅速为瑶人所接受。清代黄文琛的《邵阳县志》记载：“有陆稻，种不需要水，瑶人多种之。”旱稻也叫地禾，无须灌溉，烧山后直接点播或撒播，每斤谷种可以收获谷子 20 斤左右。直到 20 世纪 80 年代，旱稻都还在瑶族聚居区耕种。直到外出务工的兴起，旱稻种植才逐步被放弃。

瑶人居高山者多，居谷地和平原者少，田少山多。少量的水田主要种植谷子。谷子分为糯谷和粘谷两种。过山瑶种田在芒种节气前一周内下秧。谷子的生长周期要三个多月，产量很低，每亩 200~300 斤。除种植谷子外，过山瑶可选择性的农作物种类也还不少，主要是旱地作物，如玉米、红薯、小米、黄豆等耐干旱且不需要多少肥力就可以收获的作物，其中又以红薯和玉米种植最多。主要原因在于这两种农作物产量高，耐山地贫瘠，无须太多管理。俗语说“番薯半年粮”，有了红薯和玉米，即便谷子歉收，也不会对瑶人的生活带来太多的影响。过山瑶的红薯产量大，对红薯依赖性强，红薯不是主粮却胜过主粮。民家人常把过山瑶喊为“吃红薯长大的”。恰巧，红薯是农历十月收获，玉米是农历四月收获，时间上刚好错开，具有很强的互补性。玉米和红薯虽是杂粮却胜过主粮。有人说，过山瑶之所以能够在南岭山区不停移动，主要原因在于他们掌握了玉米和红薯的种植技术。背篓里放一根木棍、一把砍刀、两个打火石、几斤种子，他们便可以自由迁徙。这似乎有一定道理，但逻辑上有问题。我们知道，红薯和玉米传入我国的时间大约在明代，即便传入我国的同时就传入了我国瑶族聚居区，那也是明代的事情了，但瑶族自族群意识形成起，迁徙就已经开始了，到明代时基本上形成了目前的分布情况。此外，瑶人还种植茶叶，其所种之茶叶基本上以当地苦茶为主。这种茶叶属于红茶，清明前后采摘下来炒干，然后放在竹篮子里，挂在火炉上用火焰慢慢熏干。这种茶叶放得越久越好，陈年老茶还是一种药。瑶人不泡茶，而是煮茶，放一把茶叶到锅里与水一起煮，水开茶便好。喝的时候，人就舀一碗出来。苦茶喝的时候很苦，喝完后回味很好，还利于消食。

过山瑶住在山上，无论男女都是劳动力，都参加劳作，农业生产以家庭户为主。林区的旱地活一般由妇女完成，砍树和犁田等重活就由男性完成。但这也不是绝对的，瑶族妇女砍树和犁田的也不少。瑶族小孩成熟得早，到了十五六岁，就成了劳动力，可以胜任大多数农活。

过山瑶族居住分散，一个定居点少则两三户，多则十来户，少有定居点过百人，呈现一种随山散居状态。定居在一起的群体未必是同姓或亲戚，一户一姓实属正常。定居点与定居点之间的间隔距离也很远，有所谓“看到屋，走到哭”之说。过山瑶的这种散居的模式与其历史文化也有一定的联系。过山瑶视盘瓠为瑶人始祖，盘瓠与三公主所生的12个子女被平王赐姓，因此过山瑶的家族观念不强，他们认为只要属于十二姓之内的，都是兄弟姊妹，为一家之人。居住模式反映了一种生产关系，它是与一定的生产力相联系在一起的，是与当时的自然生态环境相适应的。过山瑶刀耕火种的生产模式，决定了他们必须有广阔的山地才能维持生存，他们对山场的依赖性很强。居住集中的话，家（户）拥有的山场土地就不多，人地矛盾就更加突出，也就无法维系家庭成员的生存。在这种情况下，要么迁徙、要么竞争，你兼并我，或者我兼并你。居住的分散在劳动上带来的直接影响就是生产劳动以家庭为单位开展，户与户之间的合作很少。每一个家庭成员，只要有劳动力，就能找到他的位置。老人除了在家料理家务之外，就是照顾小孩、参与瑶老决策、掌控瑶山发展趋势。成年男劳动力的任务是以狩猎和砍山为主，成年女劳动力除了很少参与狩猎外，其他农活都要承担或部分承担。

过山瑶农业生产以家庭为单位进行，但并不是说没有合作或不需要合作。瑶族有帮工的习俗，盖房子、“砍山”等需要集体协作的生产实践活动都是互帮互助。过山瑶所烧之山面积很大，不是几亩，至少是几十亩甚至更多。尽管在烧山之前，瑶民会在每一个方向都开出了2~3米的“火路”，但烧山之时火势仍旧会借助风力越过火路，向其他森林蔓延。因此，瑶民在烧山之时，每一个方向都需要有2~3人看守，随着火势的蔓延不断移动，一有火势过界的苗头就要及时扑灭，确保其他森林的安全，“一点星星火，可灭万顷林”，这个道理瑶民们懂，在历史上也受到一定的教训。

这时他们就必须走向联合，需要其他家庭劳动力的支持，要么一起烧山，要么供饭请人帮忙。烧山后开垦的荒地，即“畲地”，一般耕作时期不超过三年，在第三年就要开始种植些杉树、油茶树或桐树，种树是受节气影响的，误了节气种的树很难成材成林。因此，在种树的时候，瑶民们需要通力合作，目的是更好地向自然获取能量。还有一种需要合作的情形是狩猎或驱除野兽。瑶山上猛兽多，每年收获的季节都是野兽成群结队出没的时候，驱除野兽避免兽灾，成为瑶民们入秋后最忙、最烦心的事。野兽多了，靠某一个家庭是很难赶走的，这时需要不同家庭进行联合，共同围猎，赶走野兽。

瑶族的生产工具主要分为两类：一类是耕地做农活用的，主要有犁、耙、镰刀、铲子；另一类是林业用具，有斧子、砍刀等。瑶民很少自己打制生产用具，这些生产用具基本上都是从邻近的汉族聚居区买来的。

瑶族民众种植水稻的技术跟汉族民众相同，每年三四月间，农事开始。瑶族民众种旱地，主要以刀耕火种为主，先砍山后烧山，烧山之后的当年播撒小米；第二年锄耕，种植包谷和红薯等杂粮，可以连续耕作两三年；在地力快耗尽的时候就种植杉树。杉树一般要 30 年左右才能成为用材林。在耕种技术上，小米和旱稻是撒播的，玉米则以点种为主。点种的作物还有黄豆。黄豆和玉米也有间种的。

瑶山交通不便，瑶民因生活困顿，施肥极少。肥料主要有畜肥、人肥、火土肥、踩青等。由于肥料有限，瑶民只对稻子、玉米、荞麦和红薯等少数几种农作物施肥，其他的农作物基本上不施肥。即便是上述几种农作物，瑶民也就是放点底肥而已，很少进行追肥。在种植水稻时，一般是每亩施放肥料 3～10 担，有的只踩青不放肥。因此，瑶民的田地产量低，每亩田地产量多则300斤，少则几十斤。旱地收成每亩收获杂粮大概也就是200斤。

由于瑶民对偷盗之事尤其痛恨，因此瑶族聚居区极少有盗窃之事发生。加上瑶民的田地距离聚居点有点远，为方便收割和储存，他们往往把仓库建在邻近田地之处。瑶山运输砖瓦不容易，他们借助山势以木板和杉树皮为材料建设仓库，仓库通风透气，但密封性能不好。

在过去，瑶族聚居区属于深山老林，瑶民普遍都是靠天吃饭。为数不多的水田基本上靠近水源处。灌溉用水要么依山开渠，要么架竹管引水灌溉。有的瑶族聚居区由于水源少、引水路途远，一遇到天旱，不仅灌溉用水成问题，就连生活引水也出现困难。由于水利设施的缺乏，瑶民抵御自然灾害的能力极低。

瑶族大多是耕种山地，易受旱灾、虫灾、兽灾。由于抵抗自然灾害的能力低下，一遇灾害，农作物受损严重，受灾重的颗粒无收，受灾轻的产量减半。瑶民对旱灾和虫灾基本上没有任何办法，只能听天由命，对兽灾则摸索出了一套行之有效的办法。例如，瑶民搭棚子在田地旁守候，看到野猪、猴子等来了就敲竹梆、吹号角驱赶野兽，也有挖陷阱、下套子的。迫不得已，瑶民还会合围野猪，依靠集体的力量打死野猪，既保护了农作物，还获得了美食，一举两得。

狩猎是瑶民的主要经济来源之一，“暇则猎山兽以续食”。《韶州府志》记载：“（瑶民）腰刀弩，搏虎狼。”瑶民狩猎的工具以弓弩为主。《评皇券牒》《天下郡国利病书》也有类似的记载。

受到生态环境的影响，瑶族的家畜饲养以生猪、狗为主，其他的很少饲养。生猪的品种主要是购买的汉族聚居区的甲子猪。瑶民很少有人饲养母猪，因为母猪很难饲养，瑶民没有技术，也没有饲养母猪所需要的饲料。瑶民饲养生猪的饲料以青菜为主，因此生猪长得很慢。瑶民饲养生猪的目的主要是用于岁末年初的祭祀盘王、“度戒”以及婚姻和丧葬开支。狗是过山瑶必须饲养的家畜。这是由狗的作用和过山瑶的居住环境决定的。过山瑶居住分散孤立，养狗的目的之一是看守家门，有陌生人进入瑶族定居点，狗会狂叫不止。再就是狗可以帮助主人狩猎，是打猎的好帮手。如果迁徙到他处，狗也可以跟着主人一起迁徙。在瑶族人看来，他们的先祖是一只叫盘瓠的神犬，是一只有功于朝廷的神犬，他们自己则是神犬盘瓠的子孙。因此，瑶族是不食狗肉的。如果狗老了病死了，他们就将狗埋掉，垒一个高高的土包。由于田地狭窄，人力就可以完成锄耕，耕牛用处不多。加上迁徙时带上耕牛不方便，因此瑶族也很少饲养牛。山中野兽多，黄鼠狼很常见，因此瑶族也很少养鸡。

第二节　伍堡瑶的农业生产

以十二姓瑶人为主的伍堡瑶最终能在上伍堡实现定居的梦想，取决于他们拥有的土地上能够生产出维持他们基本消费和繁衍后代的需要的食物，而靠传统的刀耕火种显然是无法满足他们的需求的。姑婆山北麓的上伍堡山地气候温和、雨量充沛、土质肥沃，河流纵横交错，水源丰富，具有发展农业的得天独厚的自然优势。

伍堡瑶定居上伍堡之初，主要以流车源、旦久源、春头源等河流两岸的丘陵山岗为核心进行垦荒，从事刀耕火种农业，与过山瑶的生计模式一致。后来，随着伍堡瑶的入籍和千户长社会制度的建立以及与外部族群和地方官府建立了顺畅的沟通渠道后，伍堡瑶开始逐步由刀耕火种的农业模式转为定居农业模式。与过山瑶相比，伍堡瑶在上伍堡具备了发展农业的优良条件。就土地来说，伍堡瑶拥有部分土质肥沃的水田，还有不少旱土以及成片的山场。就水利条件来说，上伍堡境内河流交错，较大的河流有春头源、流车源以及镇头源，一年四季流水不断，可以确保农业旱涝保收。随着人口控制习俗的淡化，伍堡瑶不限制人口出生，劳动力越来越多，这为精耕细作带来了劳动力上的保障。随着与汉族交往的密切，汉族的耕作技术不断流入，尤其是牛耕技术的推广，极大地提高了伍堡瑶生产效率（伍堡瑶的春耕生产如图 3-1 所示）。

图 3-1 伍堡瑶的春耕生产

给伍堡瑶农业带来最显著变化的是耕作植物的多样化、轮耕技术的应用、复种面积的扩大。这些使得单位生产量的提高从可能变为现实，从而确保在田地面积不增加的情况下养活更多的人口。上伍堡民间流传着一首

《节气歌》，这首歌以女性情歌说唱的形式，把一年中不同节气的特点及需要做的农事唱了出来。从这首歌中我们可以得知上伍堡主要农事是怎样安排的。

节气歌（节选）

今日无事真有事，上岭砍柴唱首歌。少年歌仔无人对，自己唱首节气歌。

正月立春雨水到，过完十五做功夫。哥哥有力种杉树，贱妹无力种草桑

哥砍杉树起大屋，贱妹养蚕织帕头。二月惊蛰春分到，人人进地挖地头。

种进黄豆种包谷，芋头花生赶社头。二月初一鸟仔节，我会哥哥撬蔃头。

三月清明谷雨到，又种地上又下秧。谷子铜禾分批下，要把谷种全下完。

清明时节卦纸去，折朵红花送给哥。四月立夏小满到，赶紧刈麦来插禾。

插完谷子插铜禾，边插边管产量高。四月初八牛生日，会哥养牛唱山歌。

五月芒种夏至到，要把早薯来种上。哥撒石灰妹扯稗，管好生理好收成。

天热会哥河边去，进河洗澡解心愁。六月小暑大暑到，剪完苍子剥包谷。

铜禾稗草赶紧扯，要收早稻种秋薯。盘王出游好闹热，会哥有伴去看人。

七月立秋处暑到，快收中稻种荞麦。种好荞麦种萝卜，争取冬季好收成。

放鱼杀鸭过月半，我送粽粑给哥尝。八月白露秋分到，铜禾出穗箯样齐。

八月男女刈柴去，我会哥哥上柴山。八月十五月同圆，我劝哥哥早收亲。

九月寒露霜降到，又摘茶子又剪禾。妹送哥哥重阳酒，哥的喜酒几时尝。

岭上苦菜人不吃，贱妹家穷无人求。十月立冬小雪到，挖完红薯扯荞麦。

贱妹刈草盖茅厂，哥哥烧砖起楼房。十一月大雪冬至到，不是落雪就大霜。

哥哥有钱烤炭火，贱妹无钱抱炉头。哥烤炭火一身暖，妹烤茅火眼泪流。

十二月小寒大寒到，人人盼望新年来。哥哥有钱买年货，妹妹无钱守炉头……

根据这首《农事歌》，结合调查情况，我们将伍堡瑶传统的农事活动以一览表的形式整理如表 3-1 所示。

表 3-1 伍堡瑶农事活动一览表

季节和节气		主要农事活动的内容
春	立春 雨水	男的种杉树，女的种草桑
	惊蛰 春分	挖地、种黄豆、种玉米（包谷，下同）、种芋头、种花生、撬藠头
	清明 谷雨	种地、谷子下秧、铜禾下秧
夏	立夏 小满	割麦、插禾、管理铜禾和稻谷
	芒种 夏至	种早薯、稻田撒石灰除虫、扯稗草
	小暑 大暑	收山苍子、收获玉米、扯铜禾的稗草、收早稻、种秋薯
秋	立秋 处暑	收中稻、种荞麦、种萝卜
	白露 秋分	铜禾抽穗、砍柴
	寒露 霜降	摘茶子、剪铜禾
冬	立冬 小雪	挖红薯、扯荞麦草、建房
	大雪 冬至	烧炭，因天气变冷下雪打霜而农事休息
	小寒 大寒	添置年货准备过年

从表 3-1 中，我们总结伍堡瑶农事活动的主要特点如下：一是伍堡瑶以种植水稻为主，水稻的主要品种是铜禾，此外还有早稻。除种植水稻

外，伍堡瑶还利用耕田的空闲期种植荞麦。二是杂粮种植以红薯、玉米、黄豆、花生为主。三是经济作物以杉树和油茶树为主。四是春、夏、秋季节比较忙，冬季基本无事。这首《农事歌》概要式地把伍堡瑶一年中主要的、有规律性的农事活动列了出来，也是伍堡瑶生存性智慧的总结，反映出了伍堡瑶对自然界的认知和文化上的主动适应。正如何国强在考察粤东五华县客家村寨时总结的那样："精于农事的万氏族人心里都有个谱，一年中 24 个节令各该做什么，年年照此操作，和自然保持能量交换。"①

伍堡瑶的粮食作物以水稻为主。伍堡瑶的水稻品种比较多，定居之初主要种植从千家峒带来的铜禾。铜禾秆高达 1.5 米左右，生长周期达到 5 个月，一年一季，主要品种有秋水白、黑毛禾、细油粘等。铜禾大概在谷雨后就开始播种，秧苗生长期为 40 天，亩产约 400 斤。霜降前后，铜禾开始收获，由于谷秆过高只能用禾剪一穗一穗地剪，效率很低。铜禾谷子带有长长的细毛，扎人有轻痒和微痛感。因此，在收割铜禾的时候，收割者需要全身紧裹，身体裸露部位不能太多，否则全身瘙痒难受。铜禾晒干后，连秆一起挂在堂屋或厨房烟火能熏到的地方，以免发霉，吃的时候就取一把下来用木槌脱粒。木槌是一种专门用来脱粒的特制工具，用杂木制成，槌体呈圆柱形，直径大约有 30 厘米，长约 50 厘米，中间对穿凿开一洞，用 1.2~1.5 米长的杂木木棒插入。一把铜禾需要槌 50 多下。谷子脱粒后用工具舂成米。铜禾谷子舂成米米质很好，带有糯性且香气逼人，但产量很低，每亩只有 300~400 斤。铜禾秆可以用来做草鞋，是一种上等的草鞋材料。

---

① 何国强. 围屋里的宗族社会：广东客家族群生计模式研究［M］. 南宁：广西人民出版社，2000：25.

旱稻也叫地禾。顾名思义，旱稻是种植在旱地上的，不需要用水灌溉。旱稻每亩需要下种 3.5 斤，除草两次，施点草木肥即可，但产量很低，每亩大约 40 斤。伍堡瑶的作物产量低，除了跟当时的生产力水平低、自然环境恶劣以及天灾有关外，还受到了牲畜和盗贼的威胁。笔者在上伍堡平岗宿财塘村盘家道家里收集到了几份大约是晚清以来的禁约[1]，试举例分述之：

立禁约

朝廷论律乡党有禁，在我农人所望者生理。所靠者禾苗。宜分尔我。无许非为，我方良丑（莠）不齐，日夜思偷，实属可恨者，坐地销账罪更难宽。因集三村大为严禁，各宜遵守倘有所违。经其拿获。罪罚不轻报信有赏，绝不食言，是所至嘱。

禁禾约式

立禁田禾以防盗贼事窃。为官有正条民有约。此民事之至重，王政之首务也。切吾乡壤地偏小田亩无多。自春至夏。同我妇子受尽艰辛之苦。惟资耕种以充岁。况上供国课下养家人，此非性命攸关之事乎？奈予地方有等不务正业之辈，游手好闲。田禾将熟日则鼠窃夜则苟盗，实为可恨，是以会合严禁而南亩东皋轮流视守。倘仍旧韬前辙捉获除赔原物外另行公罚。如有不服，合众送官治，决不姑宽，为此预白。

从这两则禁约看，伍堡瑶已经是以农为主的族群了。禾苗一方面是上交官府的主要作物，也是性命攸关的粮食，在人们的生产生活中扮演了重要的角色。伍堡瑶之所以能成为一个独具特色的族群，原因之一是建立了一套严密的社会组织——千户长制。千户长的职责之一就是遏制和惩治偷

---

① 这些禁约现存于财塘村盘家道家里。这些禁约没有标明具体写作时间，从文风来看应该是晚清到民国期间的。

摸苟且之事。伍堡瑶民间的习惯法对盗窃之事处罚甚重，既可以追究“刑事”责任，还要进行经济惩罚。然而，在这种控制森严的社会，仍旧有“不务正业之辈”以身试法，在田禾将熟之时“鼠窃夜则苟盗”。盗贼盗窃禾苗是冒着一定风险的，一是时机要把握好，青苗还不成熟时，盗窃所得的只是一堆稻草；二是割禾苗比较费时，对于高秆植物铜禾来说，更是如此。瑶民把收割铜禾称为“剪铜禾”，即要一穗一穗地用特制的禾剪去剪，效率很低。但是，为什么盗贼明知道盗窃禾苗风险很大，还是愿意铤而走险呢？这在一定程度上说明禾苗已经是生活中不可缺少的必需品。此外，盗贼猖獗与千户长制度的没落也有关系，这与晚清及民国时期政纲松弛是相关的。由于禾苗在农事中的重要性和季节性，伍堡瑶在耕种过程中付出的劳动最多，也最为操心。从播种到生长直至收获，每一个环节都不得怠慢，否则就有可能导致失收。除了禾苗即将成熟的季节伍堡瑶要预防盗贼偷盗外，在禾苗生长季节伍堡瑶还要防止牲畜的践踏。措施之一也是发布禁约。

禁牛羊六畜约

立严禁猪牛羊践踏爵事。切惟国以农为本，民以食为天，此固然之理也。吾人念首犁云锄雨受尽之艰，早出夜入。用到操劳之苦，值此禾稼盛长而无知之辈往往任人放牛猪践踏情属可恨，所以吾等同齐目观伤心会合禁严禁，倘有不遵，再为放纵定必将牛牵回，或猪打死，勿导致悔须至禁者。

此禁约应出现在晚清到民国时期，没有签署具体的时间。对此，我们可以做两种分析：一是行文的单位忘记了签署具体的时间；二是在禾苗盛长期间部分瑶民放纵自家的牲畜到野外践踏庄稼成为一种习惯，此风已有年头而且是屡禁不止了。于是，每到这个时候，瑶民不管此类现象是否发生都程序性地贴出禁约。在这则禁约中，我们看到了瑶民以农为本的思想，这既是他们潜意识族群文化的映射，也是受到了汉文化重农思想的影响，符合汉瑶两种文化在上伍堡的交融现状。从禁约中我们还体会到了稼穑之艰辛，因此他们格外珍惜一禾一苗之生长，他们不允许人为地破坏庄稼。晚清以来，或许是社会动荡带来了民风的不古，在瑶族聚居区也有部分无知之辈或自私自利之人，任意放养牲畜导致禾苗受损严重，引发了众人的不安，也给众人带来了潜在的威胁。因此，瑶民对这类破坏性的行为惩罚得很重。

例如，破坏庄稼的猪直接打死。在过去，猪是财富的象征，有了猪在栏里，伍堡瑶的心就安了一半。一旦遇到祭祀先祖或急事，只要有猪在栏就一切坦然。猪既可以卖了换钱，弥补家用；又可以供祭祀和红白事的食用。伍堡瑶办红白喜事的宴席，猪肉豆腐是主菜，缺少这种主菜，就会被族人嘲笑，甚至成为流传几十年甚至上百年的故事。豆腐可以用自家种植的黄豆磨，或者也较容易向邻居借，而猪肉就很难借了。在过去，衡量一个瑶民家庭富裕与否的标记是家里有多少猪、猪大不大。如果某一户瑶民家的猪长得快，大家就会说，这户人家今年走运了。反之，如果猪长得慢，或者出现了瘟病，大家就会认为这户人家在过去的一年肯定做了亏心事，或者碰到“麻糊”（指恶鬼）。这户人家在反思之后也会请师公看下八字，看是否有凶煞，有的话，就请师公祛魅。

禁约中对牛的处罚是牵回。为何对破坏庄稼的牛如此“宽容”呢？这也得从伍堡瑶的文化习俗中解释。伍堡瑶普遍保存有千家峒传说。该传说一个反复出现的意象就是牛角，即十二姓瑶人的牛角。这既是他们身份的凭据，也是未来几十年甚至上百年瑶民身份确认的标志。这说明牛在瑶民日常生活中的地位非常崇高，不是其他家畜所能比拟的。在瑶族的传统仪式中，手持牛角的师公就是大法师、是宗教领袖，牛与权威者的身份联系在了一起。伍堡瑶的祭祀仪式很多，而牛祭是最隆重的。笔者所关注的不仅仅是牛的重要性，而是想从伍堡瑶的文化实践中解释牛为何有如此重要的地位。我们还是先从伍堡瑶内部的视野看耕牛在他们的生产生活中的地位与角色。平岗宿财塘村保留了一份禁宰牛约式，内容如下：

禁宰牛约式

为严禁革食宰牛肉以免贩卖事。切思居家以耕牛为重贩卖又致贫食为多，况有猪牛，恐引时气入栏，关系不小。至于各处降灾亦由爱食宰牛肉之故。我村蒙神保佑得以太平无事。间有无知之辈或暮地拔牛或白日外买总念口腹，不知厉害。自禁之后，倘有好食宰牛肉者，查出公罚。绝不徇情。本村叔侄知悉，毋违是幸。

这则禁约发布的目的是杜绝贩卖牛肉的现象的出现。禁止这类现象出现的原因是多元的。首先，从农耕的角度来说，耕牛是农业之本。与过山瑶相比，伍堡瑶的田地自然条件要好很多，田亩不仅宽大，水资源也很丰富。在这种情况下，靠人力去翻耕显然不合适了，此时耕牛的重要性就显示出来了。假如允许贩卖牛肉的现象，只会导致越来越低的生产效率。其次，在伍堡瑶的观念中，他们把遭遇的天灾人祸归因于“爱食宰牛肉”。在这里，伍堡瑶把耕牛神圣化了，认为如有违背必将遭到报应，并把本村落目前太平无事的根源归为“禁食宰牛肉”。同时，伍堡瑶担忧少数无知之徒不知厉害而从外面买牛肉吃，造成报应，不仅不准宰杀本村落的耕牛，就连从外部购买也不允许。控制之严，可见一斑。就是因为耕牛的重要性与神圣性，伍堡瑶才有了一些与牛有关的习俗。伍堡瑶认为，每年四月初八是牛的生日，这一天瑶民与耕牛同庆贺，不仅不能让牛去耕田，还要煮点粥给牛吃。瑶民到河里摸些小田螺出来，用田螺肉炒蛋，拌着糯米饭吃。伍堡瑶民间现在还有一种流传至今的说法：春天的牛肉是有虫子的，不能吃。

从上述两则禁约，我们可以知道，对践踏庄稼之牛的宽容以及一定程度上神圣化耕牛，都说明了耕牛在伍堡瑶日常生活中的重要性。这与伍堡瑶的生计模式发展变化有关。在定居之前，伍堡瑶以游耕为主，从事的是一种刀耕火种的农业，所垦荒之山场主要是一些25度以上的坡地，土地贫瘠不适合牛耕。在水源处开垦的水田，受自然条件的限制，其面积都非常小。这样一种小型的水田人工翻田都要不了半天时间，因此耕牛发挥的作用并不大。加上瑶民以游耕为主，随着地力的耗尽三两年就迁徙一次，积累的财富很少，他们也买不起耕牛；即便买得起，带上耕牛迁徙也不方便。因此，在未定居之前，耕牛在瑶民中的作用不大，还不如生猪重要。过山瑶有岁首年末祭祀盘王的习俗。如果遇上还盘王愿，猪是少不了的祭祀品。这跟猪的生长周期有关系。在大瑶山，猪一般是10~12个月出栏，年节的时候有杀年猪的习惯。没有年猪杀，就没有腊肉，在瑶民看来这一年是不完整的。

随着伍堡瑶定居上伍堡之后，这一切都发生了改变。姑婆岭山脚下的上伍堡，三面环山，中间是一块肥沃的土地。区域内河流纵横，春头源河流和流车源河流在涛圩汇合后，形成西河，蜿蜒到县城后成为潇水。几条河流的存在可以保证上伍堡这片肥沃的土地旱涝保收。上伍堡的田亩很宽大，十几亩大的水田很多，加上自由垦荒，几乎每户都拥有了自己的水田，这开启了伍堡瑶的农耕生计模式。在瑶民看来，上伍堡就是另外一个千家峒。其实，上伍堡还有一个称号就是“八田峒”，这与千家峒的含义相差不远。由于有了宽大的田地，加上有了丰富的水源，瑶民具备了农耕的基本条件，这促使他们从游耕转向定居农业（农耕）。此后，耕牛的重要性慢慢显示了出来。

荞麦是北方地区的主要粮食作物之一，传入瑶族聚居区种植的时间不详。清代严如熤在《苗防备览 · 风俗下》中对湘西的瑶族有这样的记载：“刀耕火种，三四年后辄弃而别种。数年后地力复，则仍垦之。”至于种植的种类则有“芝麻、粟米、麦、豆、包谷、高粱、荞、薏诸杂粮”。这是最早提及瑶族聚居区麦子种植的文献。推测起来，麦子传入瑶族聚居区的时间应该是在晚清时候了，可能是随着瑶族与汉族交往的深入，从汉族聚居区输入进来的。在外部族群看来，在瑶族聚居区麦子是作为杂粮出现的。实际上，在瑶族聚居区荞麦不是杂粮，而是主粮，为“五谷”之一。据伍堡瑶老人介绍，他们在20世纪80年代都还在种植荞麦，但至于何时开始种植就不得而知了。伍堡瑶《节气歌》里有这样一句话：“七月立秋处暑到，快收中稻种荞麦；种好荞麦种萝卜，争取冬季好收成。”从中我们可以知道，荞麦的种植时间大约是立秋收完稻谷之后。荞麦种在稻田里，一是为了提高田地的利用率，二是弥补家用的不足。“四月立夏小满到，赶紧刈麦来插禾”，到次年四月，也就是在插禾之前完成荞麦的收割，与水稻种植形成了互补，对田地的利用可谓到了极致。据伍堡瑶老人回忆，在过去，几乎家家户户都吃荞麦粥。特别是在谷子不足的时候，舂点麦粉煎成粑粑，放点油盐就可以吃，是持家度日的好食物。在困难时期，荞麦帮助瑶民度过了艰难时期。进入20世纪90年代后，随着杂交水稻的逐渐普及和耕作水平的提高，粮食产量逐年提升，荞麦才逐步退出伍堡瑶的种植范围。鉴于荞麦在瑶族聚居区的重要性，瑶民对荞麦种植十分的关心，播种之后采取各种办法予以保护，实行禁约就是明证。

禁麦约式

为严禁纵畜践食麦苗以致受饥事，盖麦为五谷之一，不轻于谷先得充饥是民生之紧要，家室之急资也。今因年岁欠登，田地多种小麦只望丰稔以便卒岁，竟有无知之徒不思种作辛勤，不计将来苦楚，纵放六畜践踏，享凡不伤心，今特会议有麦人等树牌禁。如有不遵制名呈官不姑宽，为此禁约。

从这则禁约来看，在伍堡瑶内部，荞麦的重要性不亚于谷子，是“民生之紧要，家室之急资”，在饥馑年代更显其重要性。伍堡瑶之所以能够最终在上伍堡安居，实现从游耕到农耕的转变，拥有一定量的土地是基础，而土地上能产出什么、产出多少以及产量能否满足人口的基本需求是颇为关键的问题。假如田地所产满足不了消费所需，伍堡瑶就得考虑重新迁徙他处，另寻山场土地，至少要部分家族或宗族迁徙。迁徙就意味着人口的减少，这在依靠劳动力来维系本族群的势力的年代是件十分危险的事情。除非万不得已而为之，伍堡瑶一般不愿迁徙。在田地数量无法增加的情况下，除去提高单位产量外，增收的途径就是提高复种率。在农耕技术落后的过去，提高复种率比提高产量更实际，更符合伍堡瑶的社会经济发展状况。因此，荞麦种植取得仅次于水稻种植的地位就理所当然了。伍堡瑶通过荞麦种植，把劳动力与土地更加紧密地联系在一起，也加速了伍堡瑶与过山瑶的区别。总之，荞麦的历史地位及其重要性是历史形成的。

瑶族没有动物和植物等现代学科的分类标准，而是依据自己的日常生活经验，把食物分为两大类，即“生理”和“头牲”。“生理”指的是田地里生长的植物类食物，如铜禾、旱稻、红薯、包谷、黄豆、芝麻、萝卜等，而“头牲”指的是需要饲养的动物，如猪、牛、羊、猫、狗、鱼、鸡、鸭等。如果按照与伍堡瑶生活联系密切与否来对众多“生理”食物进行排序的话，无疑铜禾、谷子和荞麦这三种主食排在前三，紧接着的则是属于杂食类的红薯。

红薯是一年生根茎作物，长势快且对土地肥力要求不高，抗旱性强。瑶民基本上是起垄种植红薯。红薯产量高，平均每亩可达 800~1 000 斤。红薯垄上还可以套种黄豆。由于根茎长在土里相对来说不易被野兽破坏，因此红薯深得伍堡瑶的喜欢。红薯分为早红薯和秋红薯两类。“五月芒种夏至到，要把早薯来种上。”伍堡瑶在夏季就开始种早红薯。早红薯的生长周期比较长，一般要 5~6 个月才收获。“六月小暑大暑到，剪完苍子剥包谷。铜禾稗草赶紧扯，要收早稻种秋薯。”秋红薯则是在暑天种植。不管是早红薯还是秋红薯，收获的季节都是在冬至左右。“十月立冬小雪到，挖完红薯扯荞麦。”到这个时候，谷子都已经归仓了，农事活动即将结束。红薯的重要性不仅体现在其所需肥料少或基本上不施肥、易管理、产量高上，还由于红薯及其藤蔓给瑶民及其牲畜提供了可持续的食物来源。种植一两个月后，红薯的藤蔓就开始蔓延开来，刚长出来的嫩叶味鲜可口，是难得的蔬菜。藤蔓长到分支后，可以割掉做猪、鸡的青饲料，红薯藤割了又长，长势很快。历史上，伍堡瑶家家户户都养一两头生猪，猪是杂食性动物，饲养周期又长达一年左右，对青饲料的需求量大。瑶民种上一两亩红薯，就可以保证四个多月的猪食供应。吃不完的红薯藤蔓还可以晒干，切了储存起来用作过冬的猪牛饲料。红薯收割后，比较耐放，家家户户都有个红薯窖。储存到红薯窖里的红薯可以放到次年春天。窖里有红薯，瑶民的底气也足些，至少不会断粮挨饿了。红薯切成丝晒干后，做饭熬粥的时候放点进去，既可以节约粮食（瑶民常常把铜禾、谷子和荞麦叫粮食），又可以改善饭的质量，使之更可口。由于红薯的上述特点，瑶民对红薯的种植甚是重视，没有哪家哪户不种植红薯的。瑶民种植红薯的历史晚于其定居的历史。红薯是从汉族聚居区传入的，也是瑶汉文化互相交流的产物。红薯这种农作物一经从汉族聚居区传入便和瑶族聚居区的社会经济环境、自然环境相适应，发展很快，逐步变成了瑶族聚居区的主要杂粮之一。鉴于红薯对瑶族聚居区人畜的重要性，在红薯即将成熟的季节，为了防备不法者偷盗、破坏即将成熟的红薯，伍堡瑶也像保护其他农作物一样出台禁约以保护红薯。其实，这也是保护族群存在的物质基础。总之，红薯的引进与种植进一步加速了伍堡瑶族群特色的形成。

玉米又称包谷，素有“杂粮之王”的美誉。玉米一般在芒种时下种，在立冬前后收获。每 1 斤玉米种子可收获约 100 斤玉米棒。玉米是伍堡瑶除红薯外的主要杂粮作物。据传玉米是明朝万历年间从南美洲传入我国的，起初是在福建、广东栽种。玉米具有栽培容易、适应性强、能在贫瘠的山地上生长、耐干旱、产量高等特点，非常适合在瑶族聚居区生长，伍堡瑶引进玉米在上伍堡种植的时间大体上与种植红薯的时间一致。玉米一经引进就迅速被瑶民接受，成为瑶民的主要杂粮。瑶民引进玉米种植后，生存能力进一步增强，使得他们有更多的勇气寻找一个又一个的“千家峒”，只要背篓里装上几把简单的砍刀、几斤玉米和红薯种子、两块打火石，他们就能靠山吃山，繁衍子孙。在明中叶以后，伍堡瑶人口繁衍速度加快，这跟玉米和红薯的种植是分不开的。

前已述及，伍堡瑶的家禽家畜以猪、牛为主，兼养鸡、鸭、鱼、猫、狗。在未定居之前，瑶民就已经半圈养半放养生猪，生猪饲养主要是用于还盘王愿的祭祀以及过年宰杀后烘烤腊肉。过山瑶的猪饲料以青草为主，营养不够，加上猪的品质以地方土猪为主，长势很慢，饲养大半年净重也不过 120 斤左右。在定居之后，由于粮食种类的增加、土地的扩大，瑶民饲养生猪就有了一定的物质基础。生猪饲养周期一般为一年，很少有跨年饲养的肉猪。由前文叙述可知，猪在伍堡瑶的生产生活中具有重要的地位。为了防止被盗，猪栏往往跟瑶民的住房连在一起。瑶民甚至把猪栏建在房屋的最里面，进入猪栏必须经过伍堡瑶的堂屋甚至厨房。尽管不卫生，但睡觉能够听到猪叫和猪拱栏杆心里颇为踏实。如果猪被盗了，瑶民一年的期盼就没有了。在物质条件不丰富的年代，物质的苛求往往比卫生更重要。伍堡瑶定居之后，由于拥有了一定数量的田地，耕牛的重要性就凸显出来了。伍堡瑶几乎家家户户都养牛，其中又以水牛为主。黄牛力气小，耕田不合适，饲养也难些。牛栏基本上跟猪栏建在一起，有牛在栏全家既放心又安心。牛的重要性从伍堡瑶的口语中就能略知一二。伍堡瑶发生矛盾互相赌气时会说："等下，你看就是，你家的牛脚都要断。"伍堡瑶定居上伍堡后，从盘王信仰转向了仁王信仰，每年都祭祀仁王。祭祀时，最隆重的仪式就是祭牛。伍堡瑶也养狗，不过狗的主要功能就是看家护院和狩猎。"鸡犬声相闻"是农耕文明的标志性镜像，定居之后的伍堡瑶由于居住地开阔，也开始饲养鸡。正如竹子尾宿的《李氏族谱》中记载，李冬仂在定居之后的第二年就从汉族聚居区买回 30 只鸡。

第三节 伍堡瑶的林业

最早记载瑶族族源神话盘瓠传说的《风俗通义》就把瑶族先祖盘瓠的居住环境描写为“所处险境，人迹不至”。东晋史学家干宝在《搜神记》里把盘瓠居住的生态环境描写为“升山入谷，止于石室之中……好山恶都，王顺其意，赐以名山广泽”。由此可见，瑶族从其主体意识形成之时，就开始在崇山峻岭中迁徙游耕，以山为家，以林为业。瑶族文书《过山榜》更是反复记载了瑶族的生态环境：“青山竹林白山脚，凤凰山脚，任游普天之下，百鸟飞不到，认（任）人之去（处），四方无邻，高岩水岸，石壁泥岩底，有水底出，牵牛不过，打马不行之处，（任由）开田，除免王税夫役钱米等件各物。”① 从这些文献记录中我们可以知道，林业自古以来都是过山瑶的衣食之源，也是他们维持族群生存的屏障。过山瑶根据自己的思维逻辑把天下的土地分为两大部分：一部分是平原丘陵，另一部分是山川。民人住平原，瑶人住山川，互不干涉。

伍堡瑶从千家峒逃出后，也不是去寻找丘陵和平原，而是沿着山谷中的河流，寻找林间的小谷地以之为栖身处。伍堡瑶几经周折才达到上伍堡，他们选择上伍堡为下一个“驿站”，原因不是那里的土地多么广阔肥沃，而是因为这里是另一个“千家峒”和“桃源峒”。“峒”在瑶语中的意思就是指一片被群山包围的良田，类似于“平原”。水田达到千亩以上的都可称为“峒”。上伍堡还有个地名叫“八田峒”。如果上伍堡不是三面环山，地处姑婆山脚下，17 户人家或许不会在这块土地上安居。在上伍堡

① 过山榜编写组. 瑶族过山榜选编［M］. 长沙：湖南人民出版社，1984：66-67.

民间有另外一种说法，17 户人家刚到上伍堡的时候，起初是住在山上的，后来才慢慢地迁徙下来。这种说法也有一定的道理。在定居之前，伍堡瑶采取的是游耕的生计模式。新到一个地方，沿着原有的生计模式生活是最保险的，也是最安全的。此外，由于当时社会的不稳定，如果贸然定居平地也容易给族群带来毁灭性的打击。上伍堡不仅提供了 17 户定居者良田和荒地，还提供了茫茫的原始森林和高远的深山。一旦社会不稳定，他们就有了借助深山老林保存族群的空间。因此，伍堡瑶在积极向汉族学习农业技术的同时，对山场依旧不舍。

上伍堡从东南面的八界岭算起，到湖广交界的界牌井，长达 50 多千米，都是高山峻岭，先人估量上伍堡是“七山一水二分田”。

伍堡瑶的山场以九个隘口为界，就东边隘口而言，以东属八排瑶，以西属伍堡瑶；就南边隘口而言，以南属于广西罗溪罗旧瑶，以北属伍堡瑶；就西边隘口而言，以西属富川六寨瑶，以东属伍堡瑶。这些山场河流纵横，大点的河流有春头源、流车源。伍堡瑶按照自己的分类系统，把这些山场分为三类：一是家族的，二是村落的，三是宿内的。家族的山场主要是些低矮的近山，可以开垦成荒地，种植点杂粮或油茶等经济作物以弥补家用的短缺；村落的山场主要是些牧牛山和柴火山，用于村落集体牧牛和砍柴割草；宿内的山场主要是些近隘口的远山，产权归宿内集体所有，瑶民人人可以去取材建屋、开山种植和取材加工。

据清代的《永州府志》中记载，江华瑶族“山农田少，多种植桐、茶、松、杉，以资实用，秋成后多种麦、荞、菜、豆”。伍堡瑶在家族山场主要种植茶。茶有油茶和茶叶之分，由于上伍堡的土壤呈酸性，加上土壤腐质层厚，十分适合茶树生长油茶和茶叶在姑婆山都是常见的植物，并且野生茶树很多。油茶在上伍堡山区是一种常见的油料作物，味道清香，营养丰富。立秋后，瑶民开始采摘茶果，将茶果在太阳下晒干裂开后，取出里面的茶籽就可以榨油。伍堡瑶的茶叶也以野生的居多，瑶民很少自己种植。瑶民在清明谷雨时节将茶叶采摘回来，用锅炒干后，就放在篮子里挂在火塘上方，用火将其熏干，煮茶的时候就抓一把放到茶炉里跟水一起煮。油桐也是上伍山区常见的一种经济作物。瑶民起先也是采集野生的油桐为主，后来由于油桐在汉族聚居区制作家具的时候具有广泛的用途，家具刷上一层油桐制成的桐油后，不仅光滑还具有保护木材不被虫子侵蚀的功用，颇受欢迎，有较好的经济价值，因此瑶民在清朝时期便开始种植油桐。

江华林区被称为“杉木之都”，所产的杉木轻巧、笔直且质地好、不易腐朽。杉木如果开始腐烂也是从外面开始腐烂到里面，一眼就可以看出，从而避免朽木倒塌造成的损失。因此，江华一带出产的杉木颇受欢迎。清光绪年间旦久宿栎湾村有一个财主，买了几万亩山场，据其后人介绍，都是种杉树的，可见杉树在上伍堡瑶地区已经得到了普遍种植。杉树主要是在宿内山场上种植，刀耕火种后的第三年，开垦出来的山地的肥力基本消失了，这时瑶民就开始种植杉树。关于公山，伍堡瑶的习俗是谁开垦谁种植、谁种植谁收获。杉树的种植既保持了水土的平衡，又给部分伍堡瑶带来了收益。

由于定居平地，伍堡瑶有了许多跟外部族群交流交往的机会。上伍堡往北 10 千米就是一个开设于明代的涛圩市场，往南走 15 千米山路可以到达广西的里松市场。这两个市场的存在，给伍堡瑶的经济往来搭建了平台。涛圩市场附近主要居住的是梧州人和民家人，这两个族群以农业为主，居住在平原地区，没有自己的山场，因此林产品缺乏。伍堡瑶所在的姑婆山的森林茂密、植被丰富、生物种类繁多，刚好构成了互补性。伍堡瑶与梧州人和民家人交易的主要物品是林产品。其中又以竹制品、杉木原木和杂木炭居多。姑婆山上茂林修竹，其中又以苦竹、箭竹（斑竹）、茅竹、楠竹居多，苦竹占80%以上，生长在流车源、春头源、姑婆山主峰之中。因此，平岗宿的上任、下任、林家、红花源、岭脚、招礼等地被称为“苦竹源”。一方水土养一方人，由于竹子众多，伍堡瑶都会编箩筐等生活必需品。杉木是民家人建造房屋和家具的必需品，因此杉木制品，如浴桶、脸盆等也颇受周边族群的欢喜。姑婆山杂树多，这些杂树质地坚硬，瑶民主要用来烧木炭。用杂木烧成的杂木炭耐烧、火力强，是御寒的好物品。因此，杂木炭成了伍堡瑶与周边族群进行交易的主要物品。过去没有电，抵御冬天的寒冷主要是靠木柴，但烧木柴烟大，因此杂木炭也非常畅销。上伍堡民间有一句谚语：“上伍堡三面都是宝，还有一面长龙须草。”龙须草是编织席子的上等原材料，用龙须草编织的席子光滑、平整、柔软舒适、冬暖夏凉，也是瑶民对外进行交易的主要物品。伍堡瑶从外部族群购买的物品主要是盐巴、布匹以及各种生产工具。

除了这些可以耕种的低矮近山外，上伍堡更多的是茫茫大山，九个隘口均属深山老林，大片的原始森林遍及各处。大山和森林提供给伍堡瑶的不仅是生命的屏障，还是生命之源。一年四季森林里都有各种绿色健康的美食，如山笋、菌类、各种野菜以及各种禽兽都是伍堡瑶闲暇时和饥馑时最可靠的食物补充。凭借着姑婆山宽厚的山体，动植物资源呈现多样化，伍堡瑶具有了战胜自然灾害而生存的资本，也为他们形成独立的族群提供了物质条件。

第四节 矿产资源的开采

前文提及的谚语“上伍堡三面都是宝，还有一面长龙须草”，这里的“宝”指的是地下埋藏着各种矿产资源，主要种类有锡、铁、硫铁、钨、褐钇铌、水晶、稀土、石煤等20多种矿藏。其中，最著名的是稀土和锡。据探测，上伍堡的稀土矿储量达到21万吨，属于大型矿床，仅次于内蒙古的白云鄂博。

早在晋朝，萌渚岭北麓的上伍堡地区就已经开始有人采矿，其矿产资源受到了郦道元的关注。郦道元在《水经注》中说：“冯水又左，合萌渚之水。水南出于萌渚之峤，五岭之第四岭也，其山多锡，亦谓之锡方矣。”锡矿在土层中，不经过开采是难以知道“多锡”的。由此可以推测，在晋朝时期，这一代就有人开始采锡矿。清同治年间的《江华县志》中记载：“宋时有黄富铁锡山场，置官。”清顺治年间的学者陈子玉认为：“江华上伍堡之锡矿，也以历史悠久著称，据（宋史）所载之黄富铁锡山场就是本矿。”①

据《江华瑶族》介绍，伍堡瑶下山后在清中叶时期就开始组建采矿公司。到了清光绪年间，江华县已经有厚生等采矿公司十多家。这些公司既雇人挖矿，也收购锡砂。为管理这些公司，清政府还在县城设立税局，专门署理矿区税务。19世纪中叶，尖山、草鞋塘等地有人在河中用木瓢淘洗锡砂，销往广西。随着新的矿点不断被发现，砂民越来越多，经营锡砂购销的公司林立，首先成立的是曾经在清政府备案的发达公司。其他先后开

① 李祥红，任涛. 江华瑶族［M］. 北京：民族出版社，2005：123.

业的还有利民、埠康、厚生、华埠等数十家公司。砂民增至1 000余名。1911年，民国政府湖南省建设厅在河路口上伍堡设立矿务局（瑶民称之为“官矿局”），并分别在尖山、山岩坪、春头源设立分局。因经营不善，官矿局严重亏损。直至1914年，民国政府采取行政手段，关闭私人公司，垄断矿权，压价收购，官矿局始有转机。其后20余年，政局动荡，市场多变，矿山时起时落。

1938年，中央政府资源委员会内迁后，与湖南省政府在该矿区合办矿务局，合资经营河路口船岭脚村冲积矿床（瑶民称之为“中央公司”）。自采与收购并举，一方面鼓励瑶民挖锡砂，另一方面又招收瑶民当工人。与此同时，私营公司再度兴起，纷纷与中央公司订立租采合同，中央公司所属矿区还自办火力发电厂，使用高压水泵冲采，年产精矿达到170吨。中央公司还修通了船岭脚到广西的简易矿山公路。中央公司于1943年停业，锡矿由湖南省建设厅继续开采。1944年，由于日军入侵江华县，矿厂被迫倒闭。抗日战争胜利后，私营公司振兴公司集资向官方租办矿厂，但年收砂矿仅20吨。1949年，振兴公司解散。经过反复的实践，瑶民不仅会找矿、挖矿还学会了冶炼，由卖原矿发展到卖精矿。伍堡瑶自从定居后，不少人经常上山采矿。有的人挖点泥用木瓢在水中淘洗就知道此处有矿无矿、含量多少。民国初年的奉东生、李复胜就被群众誉为“眼望三尺土，挖泥就是金”的找矿高手。

1950年6月，中南有色金属管理局湖南分局锡矿管理处成立，组织民众生产自救，国家以合理价格收购锡矿。1951年1月，矿山划归广西平桂矿务局管辖。1954年，第一矿业生产合作社成立，随后实现全面合作化。1956年，石浪冲、新铺、五隆岩三个采矿区属于国营可达公司管理。国家投资改造矿山设施，逐步进行机械化冲采，由国营公司集中采用新法冶炼。

1958年，可达公司吸收800名员工为国家正式工人，划为该公司第四采矿场，当年又改名为望高锡矿石浪冲采矿场。可达公司安装柴油机带动砂泵打浆选矿，日处理原矿800吨，1956—1958年，平均年产精矿172吨，恢复到最高水平。1959年，整个矿区划归湖南省有色金属矿务局管理，改称江华锡矿。1960年后，江华锡矿更名为七二九矿。自从开采锡矿以来，靠近矿藏的源头岗、牛路、下岗、琶岗头、黄牛岗、火烧洞、大岗头、平立、新铺、倒水湾、河路口、欧阳山、蜡面山、草鞋塘、船岭脚、白草营、尖山等村大部分瑶民在农闲时间上山采矿，把采矿视为家庭现金收入的主要门路。

1984年，农村推行家庭联产承包责任制后，上级提出社队要大办企业，上山采矿人员达上千人，是历史上集体和个人上山采矿最多的时期。1985年，河路口村就有36个矿点。1990年后，因矿产减少，加之价格不断变化，采锡矿的人逐步减少。

传统的有矿工具有锄头、镰铲、粪箕、木瓢、淘盆、筛子、布袋等，现代的采矿工具有水枪、抽水机、柴油机、打砂机、粉碎机、摇床等。

瑶民探矿，主要是探锡矿，即凭经验在矿区查看含矿泥土的成份、颜色以及脉络。瑶民认为有一定锡矿含量时，就用木瓢取一瓢一定深度的泥土进行淘洗，查看瓢底的矿砂有多少，如果是富矿，可以开采；如果是贫矿，则开采价值不大。

传统的采矿方法视地形和矿层深度不同，分别采取放水桩、挑明湖和挖暗窿等方法。

放水桩这种方法最省力，也最常用。但是，放水桩必须具备两种条件：一是矿地所处地势较高，矿浆、尾砂、尾水流动方便，二是矿地上方附近有水源。放水桩的矿点一般在山腰或山脚下，水被引到矿地后，瑶民让水从矿层上面往下流，在下方挖动含矿泥土，借助水力破碎成矿浆。瑶民在矿砂流经的尾部开泥沟或铺设板槽，以做选矿之用。这种方法较为高效，但安全系数低，往往因泥土倒塌而躲避不及造成人员伤亡。

挑明湖这种方法适用于找不到水源或能找到水源但矿浆无法流动，储量丰富的矿点。瑶民在挖砂时，采取肩挑方式把矿运到适宜的矿点；矿点被挖后，就留下一个个湖塘，故被称为“挑明湖”。这种方法的效率较低、劳动强度大，非高品位的矿不用这种方法。

当瑶民发现深处矿砂的矿苗好的时候，则采用挖暗窿的方法。暗窿有斜井式和竖井式，或者两者兼有跟着矿脉走。窿洞宽度一般为容纳一个半人转身。窿峒挖矿事故较多，在雨季尤其容易出事故。

进入 20 世纪 90 年代后，一些瑶民借鉴汉族聚居区的采矿方法，购回水枪以及柴油机、粉碎机等现代设备，用水枪对含矿泥土进行冲刷，以此制成矿浆，借用引力使矿浆快速流入矿槽。瑶民如果发现石块中有品位较高的矿砂就用柴油机和粉碎机采矿。

选矿有两种工序：一是粗选，二是精选。无论是粗选还是精选，工艺都比较简单和原始。粗选是在采矿场附近，根据水源和地形特点，选择平坦的地方挖一条沟底平整、四壁无障碍物的泥沟。瑶民在选矿时利用水的流动性及浮力原理，使得一些轻矿和泥沙随着水流而带走形成尾矿，重矿则沉底。随着重矿砂不断增加到一定量的时候，瑶民就停止给水。之后，瑶民将沟里的矿砂取出，也叫起沟。首次起沟，瑶民往往在沟头杀只雄鸡，用鸡血淋沟头，象征着“地头红”。用这种办法选出的矿还是粗矿，含沙量大不能销售。

瑶民卖出去的矿砂是精矿，是要经过进一步的选矿才能完成的。选精矿的过程就是除去杂质的过程。方法一是再次用水流进行淘洗，去掉部分细小矿砂和沙子；方法二是用磁铁吸除矿砂中所含的铁杂质，用竹筛置于水中进行手筛，筛除轻矿物得到精矿。经过多次人工筛矿后，瑶民可以得到98%以上的精矿。

在伍堡瑶采矿经济发展过程中，各类资本的不断涌入，加速了社会分层。本地的土豪乡绅以及千户长与外地富豪纷纷成立各种公司。这些公司在组织形式上分为两类：一类是专门收购锡矿的，另一类是雇佣工人采矿的。从资本出资形式看，有独资和合资两种。不管哪一种形式，大多数瑶民都是出卖劳动力。采矿业的发达，对伍堡瑶的影响是巨大的，部分伍堡瑶地方势力通过与外来势力的联合，获取了一定量的资本，加速了贫富分化。对于广大普通瑶民来说，他们通过在矿厂工作，提高了自己的采矿、炼矿水平，同时也积累了部分资金。由于采矿业的高度发达，人流加速涌动，上伍堡的手工业、商业、服务业也得到了迅速发展，一时间百业繁荣。1913 年，上伍堡成立了市场，至笔者开展田野调查时止，刚好 110 年。有不少伍堡瑶地方知识分子告诉笔者，2023 年是河路口市场开市110 年。

第四章　社会交往互动：伍堡瑶形成的社会基础

第一节 瑶老制：过山瑶社会交往的社会组织

瑶族是一个具有1 500多年不间断历史的古老民族。瑶族之所以能在凶险的社会自然环境中生存下来，主要原因之一就是形成了一套与社会自然环境相适应的社会组织——瑶老制。20世纪20年代到20世纪30年代，真正意义上的西方人类学传入我国后，第一批受过西方人类学训练的人类学者，如费孝通夫妇、杨成志等人，怀着了解中国、认识中国、拯救中国边疆危机的梦想从事边疆民族研究，开始在广西、广东的瑶族聚居区做研究。尽管这些人类学家的调查时间比较短，有些也不够深入，但发表了一批有意义的调查报告。有些内容涉及瑶族的社会组织，其中王同惠女士的《花蓝瑶社会组织》一书，是专门研究大瑶山花蓝瑶的社会组织的。这本书的内容涉及家庭、村落、族团间的关系等。王兴瑞的《广东北江瑶族人的社会经济生活》一书介绍了韶关瑶族的社会组织状况。

瑶族支系繁多，不同的瑶族支系，随着生态环境的不同，社会组织也相应发生改变。正如吴文藻先生所说的那样："社会文化，亦可简称社会组织，其作用在于调适人与人之间的关系，乃应付社会环境的结果。"[①] 瑶族整体分布状态是大杂居、小聚居。由于生态环境不一，因此瑶族各支系的社会组织也就形态各异。社会组织在不同的地区有不同的称谓和不同的表现形式，如在广西南丹和贵州荔波一带的白裤瑶社群中，社会组织被称为"油锅组织"；在云南河口、屏边、勐腊等地，社会组织被称为"目老组织"；在广西桂林一带，社会组织称为瑶长组织；在金秀瑶族山区，社会组

① 杨成志．瑶族调查报告文集［M］．北京：民族出版社，2007：19.

织称为石牌组织[①]。石牌组织、瑶长组织、油锅组织最具有代表性，受到的关注比较多。

瑶族的社会组织是根据在特定的历史时空中不断总结出来的社会经验而自发形成的组织。其主要功能一是调节瑶族内部的各种社会关系，保持族群内部的动态平衡和群体的稳固；二是与周边的族群协调各种关系，保护自身的利益，以免在外在压力下被其他族群同化或兼并。

这些社会组织都有自己的首领。首领的产生大体上有两种：一是自然形成的。黄钰先生认为，在桂北一带，瑶目由瑶长和村老推荐任免，任期一般为3~5年。村老是各村寨中为人正直、办事公正、有能力，为群众所拥戴的长老，是瑶族中的自然领袖。村老为一村之长，负责主持村寨的日常工作，调解村民纠纷，并代表村寨协助瑶长处理各种事务，为瑶长出谋划策。房老是同姓共房的族长，由同姓亲属推举族中德高望重的长者担任，主要负责处理房内纠纷、婚姻、财产继承等日常事务[②]。瑶族中那些有特殊才能的巫师，或者是记忆超群的智慧老人，他们凭借丰富的阅历和与生俱来的领袖气质赢得了群众拥护而获取首领位置。首领由选举产生，即村寨的每户派一名代表在集会上投票，选举产生首领。油锅组织的“目老”就是选举产生的。瑶老制的主要特征是“老人”负责制，即由几个经验丰富、阅历深刻、有威望的老人负责族群的日常运行，主要是负责整个族群的生产生活、社会秩序的维护、习惯法的执行和宗教祭祀。这是由于瑶族没有自己的文字，日常的生产生活经验的累积往往全靠老人的阅历。谁年纪最老，经历的事情也就最多，拥有的知识也就最丰富，故而是理所

---

① 玉时阶．瑶族文化变迁［M］．北京：民族出版社，2005：118-132.

② 黄钰，黄方平．国际瑶族概述［M］．南宁：广西民族出版社，1993：38-39.

当然的首领。这种自发形成的瑶老制跟瑶族的游耕生计模式是相符合的。瑶老制自形成之日起就在瑶区发挥积极作用，直至中华人民共和国成立后还有其生命力。瑶老制之所以能在瑶族历史上有如此之强的生命力，原因是多样的，归纳起来主要有以下几个方面：

一是瑶族自宋代以来受历代封建王朝的压迫，生存空间越来越小。瑶族主要沿着南岭走廊山区的谷地进行艰苦的游耕，受这种恶劣的自然条件的影响，瑶族社区的生产力发展缓慢，财富积累少，社会相对稳定。杨鹤书等对此做了精辟的归纳："政治制度作为上层建筑的主要组成部分，其形成和完善发展往往有它独立发展、适应变迁的能力，往往不易随着社会经济等条件发展而迅速变化。这就是所谓的上层建筑的稳定性和保守性。这种保守性从其终极原因来看是由其生产力和生产关系的性质决定的。"①

二是过山瑶社区封闭，与外界交流少，生产生活相对落后，加上没有文字记载日常生产生活经验，各种传统文化和生存性智慧都是靠老人的记忆再口耳相传下来的。老人不管是在生产实践还是日常生活中都是标杆，发挥着重要作用，也受到瑶民的尊重。

三是瑶族在长期实践中形成的一套以习惯法为核心的政治制度是行之有效的，在维护社会秩序、组织社会生产、决定迁徙方面是十分有效的。如果不遵循这套在历史上形成的社会规范，瑶族就有可能在历代封建王朝的压迫下走向消灭。

---

① 杨鹤书，等. 八排文化：八排瑶的文化人类学考察［M］. 广州：中山大学出版社，1990：103.

第二节　千户长：伍堡瑶社会交往的社会组织

在定居之前，伍堡瑶人曾经在千家峒居住了很长时间，他们的社会组织也是瑶老制。自明初算起，伍堡瑶定居姑婆山北麓后至今已有600多年，人口也由当年的17户，发展到现在的3万余人。几百年来一直定居在一个地方，这在瑶族各个支系中是非常少见的。那么，伍堡瑶是靠原有的社会制度维持运转，还是创造了一种新的社会组织，在族群内部进行有效运作，平衡内部的各种关系，并且在与其他族群的互动中实现动态和谐呢？很显然，答案是后者，这就是影响至今的伍堡瑶千户长制。由于瑶族没有自己的文字，我们只能依靠零星的资料和访谈材料对伍堡瑶的社会组织进行研究。本部分的主旨是探讨伍堡瑶传统的政治制度，重点集中在两个方面，即部族领袖的产生与功能；社会控制，如习惯法等的执行情况。

一、千户长出现的背景

在元代，为了加强对少数民族地区的控制，元朝政府在各少数民族活动频繁的区域设置了巡检司。例如，上伍堡地区就设置了涛圩巡检司。明代传承元代的军事制度，继续在少数民族地区设立军事机构。

关于伍堡瑶的社会组织，清同治年间的《江华县志》中有这样的记载，“洪武初年瑶老李东仂等共17户三百余名，原系县令周于德协同百户韩恩招抚下山”，瑶民下山后被“编户四十有五”。“每宿佥点一人，为之千长，又立瑶老，为之约束。”“千长”就是“千户长”，千户长制是十二姓瑶人定居上伍堡后新出现的一种社会制度。在伍堡瑶内部，这种千长制被称为千户长制。

广东连山的八排瑶也是大约是在明代开始定居，与上伍堡的伍堡瑶的定居时间差不多。八排瑶的社会组织主要是瑶长，我们可以用来做对比研究。据《连山绥瑶厅志》记载，清道光十二年（1832 年），三省官军镇压排瑶之后，根据钦差户部尚书禧恩建议，设立“瑶长”和“瑶练”进行直接统治。

道光十二年，钦差尚书禧恩，征服八排人后，因瑶人无统属，有攘窃凡物者，辄匿伏不出，莫知谁何，有司不得索也。致是禧恩乃令八排瑶人各举老成知事者，立为瑶老千长，赏给顶戴办事。瑶目为“瑶练”，凡瑶长十八人，瑶练六十四人，每月给饷银一两五，瑶长倍之，隶缓瑶把总，月朔目赶绥瑶营炊响具结状。排瑶有滋事者责之，自是瑶有奸民者，先达于长，其长达于官；民有奸瑶者，官下其长，逃者十可得八九，视前加密矣。

根据《连山绥瑶厅志》中的记载，官府设立千户长的原因是衙门不熟悉瑶山情况，对瑶族的一些作奸犯科者无法进行打击，给地方治安造成了诸多困难。因此，设立千户长的目的，一是惩戒汉族的奸诈者，二是处理瑶族的奸诈者。其总的目的是维护地方治安，确保地方社会尤其是瑶区的秩序稳定，说到底就是控制瑶区，把瑶族纳入封建王朝政府的管辖范围。

与上伍堡瑶族的社会组织相似的是，江永的四大民瑶的首领也叫千长。现在的伍堡瑶民间仍将明清时代的千长称为千户长。把瑶族的首领称为带有军事性质的千户长，在瑶族社会组织中并不多见。这也体现了伍堡瑶的双重身份。一方面，在封建王朝统治者看来，瑶族是“非我族类其心必异”的蛮夷；另一方面，瑶族又具有了“文明”的属性，甚至成为守卫边疆的军事力量。江永扶灵瑶民间保留的一份民间文书《扶灵瑶统计》对伍堡瑶千户长的产生过程和职责做了详细的记录。其文如下：

朔厥猺自明开创，原因两广毗连，强寇骚扰，上宪设立猺役籍，近隘防堵各猺，官给军械，以御强寇，把守隘口，获民耕种，民得安身。各猺俱立猺目管理地方，为国守土纳粮免差，时恤猺人辛勤守御，各猺常获功报，每属赏赐花红银两。后因猺目多人难专其责，于是设立千长一名以总其事，统管猺目，共勷厥理地方，排难解纷，奉公守法。国朝定鼎不易，其名康熙间，千长、练总、猺总、猺头、猺长，迭易名号，官贤良方正，才能廉明者举赍名报院，另加饬谕委任，诸事给匾奖赏，上下各官每以人员循礼相待，并无刻薄。世事变迁，官情菲薄由恐后日猺目难当一猺，两村分立五户，钱粮大而人多者一二姓为一户，钱粮少而人稀者四五姓为一户，各户一役三年，周而复始，不许推辞①。

根据《扶灵瑶统计》中的记载，千户长的产生的原因是传统瑶目过多且失去威信力，各自为政，难以履行职责而不符合地方官府的要求，政府官府因此另设千户长。设立千户长的目的就是集中管理瑶族传统社会中的瑶目，通过对瑶目的控制实现对整个民族的统治。尽管设立千户长的原因不一样，但目的却是一样的，那就是控制瑶族，把瑶族聚居区纳入封建王朝的管理范围。《江华县志》以及伍堡瑶的民间文献都没有涉及在上伍堡瑶区设立千户长的直接原因，但封建王朝借助千户长控制上伍堡的目的是没有改变的。

---

① 《扶灵瑶统计》由清光绪年间扶灵瑶瑶长编撰而成，内容包括扶灵瑶的来历、田土变更以及明清时期的文书。广西师范大学文化旅游学院图书室里存有复印件。

二、千户长的二元身份

千户长与千长，看起来只是一字之别，含义却是不一。千户长是明清时期军事机构“千户所”领导人的称呼。“千户所”下面有“百户”。据清顺治年间的《江华县志》中的记载，上伍堡瑶族就是在百户韩恩的招抚下，下山定居的。我们姑且不管这则史料的对与错，但伍堡瑶与卫所等军事机构有密切联系是事实。伍堡瑶聚居于湘桂古驿道，南接广西贺州，北连江华县城直至道县，地理位置十分险要。为对这一代的伍堡瑶保持足够的威慑力，明清王朝均在附近地区设置了军事机构。上伍堡往北 5 000 米，即现在的涛圩镇政府所在地就是曾经的涛圩巡检司所在地。涛圩巡检司往东 2 000 米是三门寨，这是一个明末驻军后裔建立起来的单姓村落，其视野开阔，地理位置重要，可攻可守。据《江华县志》中的记载，涛圩早在明朝就已经出现墟市了。涛圩往北 10 千米是另外一个军营，叫白芒营，此军营附近也有与伍堡瑶同源的瑶族。白芒营的设置晚于涛圩，该地的墟市是晚清时期才形成的，目的是对瑶族保持警戒。白芒营再往北 80 千米处，就是更大的军事机构——宁远卫。据记载，该卫有驻军 8 006 名。清康熙九年（1670 年），清政府在永州设立左中右三营，其中左营设置在江华，在涛圩设立把总，并征用瑶兵“以瑶制瑶”。

伍堡瑶定居姑婆山北麓后主要职责之一就是防范富川的六寨瑶族（亦称“八都瑶”），贺州的罗溪、罗旧瑶族和广东的八排瑶族，也就是守卫“三条九隘”。走进上伍堡的瑶寨，我们常常听到这样一句话：“上伍堡有三条九隘九源，各守各的隘，各守各的源。”所谓的隘口都是些通往广东、广西的天然通道。伍堡瑶为什么要守卫这些隘口与其他瑶族同胞为敌呢？

无论是在田野调查过程中还是查阅伍堡瑶的地方性文献时，笔者都没有听到或看到伍堡瑶与两广地区瑶族之间纷争的故事，听到的只是伍堡瑶与两广地区瑶族尤其是广西富川瑶族之间割不断理还乱的情感。他们的语言相通、习俗相近甚至还联姻。我们无法知道伍堡瑶的守隘口职责在多大程度上起到了作用。但是，有一点可以肯定的是，封建王朝赋予伍堡瑶的守卫功能至少在一定程度上遏制了伍堡瑶与过山瑶为伍。明朝时期过山瑶的几次起义，伍堡瑶族都没有参与。由于守隘的需要，地方统治者除允许伍堡瑶拥有一定量的土地，给官方“输田赋”外，就是使他们拥有武器，成为一支民间的军事力量。伍堡瑶平时耕山种地，战时听从封建王朝的调遣，参与战争。清代江华锦田（今码市镇）赵金龙起义的时候，上伍堡官员还带领伍堡瑶的瑶兵去攻打瑶族起义军，并立下战功。明隆庆年间，瑶民随官兵到锦田攻打流寇，解救了被围困的十八个寨子。“由此，县衙每年牛酒花红以犒之”。

伍堡瑶的千户长制是在外力的影响下形成的，那么千户长制与传统的瑶老制有无联系？千户长制具有怎样的特殊性？根据田野调查及整理有关资料，我们认为，伍堡瑶的千户长制至少具有以下两个方面的特征：

一是具有卫所的性质和军事职能。千户长是明代千户所的领导者，千户所的主要职责便是防御民族地区的少数民族。伍堡瑶已经“服王化”，纳税免差，听从官府的调遣。伍堡瑶的主要职责便是守卫通往两广地区的隘口。这些隘口是中原各地进入两广地区的自然通道，也是南岭走廊的分界点。历史上，隘口以北是“文明之地”、以南是“蛮荒之地”。这些蛮荒之地所居住的族群基本上是苗族和过山瑶。因此，守卫隘口也就是抵御苗族和过山瑶。千户长制是封建王朝在大瑶山实行的对瑶民进行军事管理和控制的一种制度，使得封建王朝的统治势力深入瑶族聚居区。不管它的实际意义怎样，都对南岭走廊的苗族和过山瑶保持了威胁力，也从族群意识上划清了伍堡瑶与没有归顺封建王朝的族群的区别，在一定程度上保持了地方的稳定。

二是具有传统瑶老制的特征。明初地方官府在设立千长（千户长）之后，又恢复了瑶老制。这两套组织体系并非平行运作和发挥作用的，在诸多方面是重合的。瑶老主要是长者依靠个人的权威和智慧进行有效统治，因此那些办事公道、具有较强的应变能力和交际能力的长者与智者，很容易自然地成为领袖。伍堡瑶从迁来上伍堡之时，就是在首领的带领下迁来的。这些首领也就是户长，基本上也都是自然形成的领袖，要么是长者，要么是接受过汉文化教育、初识几个字的智者，还有巫师之类，三头户长之一的奉子仂就是三宿最出名的首领。这些首领在群体中非常具有号召力和权威性。这两种社会组织并非并列的，而是存在着主与次、先与后、约束与被约束的问题。定居上伍堡之后，申请入籍的是奉、唐、李三姓头人，兼任头户长的也是他们。明景泰二年（1451 年），商议建庙供奉盘王和仁王的是三头户。明景泰六年（1455 年），试办村塾的也是三头户。伍堡瑶内部各种矛盾关系的协调和经济社会关系的处理都是千户长，因此这两套社会组织体系的首领基本上是一致的。按照现在流行的说法就是“一套人马，两块牌子”，在处理对外的各种关系，与宿外族群和官府打交道以及征收税赋的时候，首领的身份是千户长；在对内进行管理的时候，首领的身份又变成了瑶老。瑶老在宿内主要依据旧例，也就是习惯法，管理宿内的经济、宗教、婚姻、矛盾纠纷等日常事务。千户长是官府钦点的，主要是出于纳税和管理瑶民的需要，其任职条件以符合统治者的需求为尺度，基本上没有考虑瑶族的历史文化传统。没有考虑到瑶族历史文化传统的千户长制，在推行过程中遇到的阻力是可想而知的。更何况瑶族历史上就有“不服王化”的传统，瑶族的办事传统是按“旧例”。“旧例”就是传统的习俗，即一套被整个瑶族社会认可的习俗。这是一套完整的管理体系，是不容易消失的。地方官府正是看到了这一点，才有后来的又恢复瑶老制。恢复瑶老的时间，史料里没有详细记录，但千户长和瑶老肯定不是同时设立的。与其说是官府“立瑶老”，不如说是恢复瑶老制，或者说是认可早已存在的瑶老制。瑶老制在明王朝建立之前，就早已经存在。瑶老制被恢复后，地方统治者又不甘心，担心之前设立的千户会受到冲击，于是又从制度上明确瑶老是由千户长牵制，以千户长为主、瑶老为次。从某种意义上说，这是对传统的瑶老制进行了改良。上伍堡的伍堡瑶内部又是怎样看待这两种社会组织的呢？由于伍堡瑶没有自己的文字，他们的历史没有被更多保留下来，我们只能从零星的文字材料和老人的回忆来探究本土视野中的社会组织。《上伍堡三宿总册底引》里面记载了明景泰元年（1450 年）上伍堡三宿头人，奉富四、唐养仂、李冬仂与军户唐斗享、民人蒋复春，立皇册时的经过。这份皇册里面把奉、唐、李三个头领称为“头户”，即“奉头户”“唐头户”“李头户”。平岗宿 1922 年的粮册中记载了过去十年[①]平岗宿内部土地买卖的情况，这十年平岗宿发生了五起土地交易的例子。从这几例土地交易的例子看，清代以来，伍堡瑶之间的土地交易频繁。平岗宿一份清光绪三十三年（1907）的地契里面的“在场人”是千户长。笔者在进行田野调查时，谈到伍堡瑶过去的首领时，听得最多的也是千户长。老人们会告诉笔者，他们以前的领导叫千户长。据《李氏

① 按照上伍堡黄册的规定，粮册每十年一立。

族谱》中的记载，三宿的千户长为奉、唐、李三姓世袭，奉姓是奉富四，管旦久尾宿；唐姓是唐斗享，管平岗宿；李姓是李东仂，管竹子尾宿。《上五堡三宿总册底引》的记载，三宿总共有 17 个千户长，而头户是奉、唐、李三姓。

三、千户长的职责

明初，封建王朝鉴于自身实力的不足，对地处“文明”与“野蛮”交汇地带的伍堡瑶，在保持适当压力的同时，主要以怀柔政策为主，实行弹性政策，在社会组织上的变化就是通过对瑶族传统的社会组织进行改革，把瑶族纳入封建王朝管理的范畴。因此，地方统治者对瑶族千户长的产生有着严格的要求，只有那些“贤良方正”和“ 廉明者”才能按程序予以委任重用。作为一套社会管理体系，千户长在伍堡瑶的日常生活中扮演了什么角色、发挥了怎样的功效呢？地方文化精英奉兴朝老人，根据记忆、祖传的故事以及在参阅一些文献的基础上对千户长的职责进行了梳理整理，主要有以下十项：

①国家粮饷不交者，将其田拿出给他人耕种。

②杀人者偿命或者出脚迹（将其一家赶出村）。民愤极大的，召开三宿民众大会，将犯人用砍牛刀斩首示众。民愤不大又伏法的，没收其全部家产，做出脚迹处理。畏罪逃跑的，由所在地民众捉拿，不服者用刀炮处死。故意伤人者，必须按照伤势给予对方经济补偿，当事人还必须上门赔礼道歉。

③放火烧山烧屋者，没收其家产，赔偿损失。

④强奸妇女者，没收其家产，杀其家牛羊。通奸者，女方家人可砸男

方东西，男方要登门道歉；男方打骂通奸男女，千户长不过问。

⑤出嫁女，作风败坏的，男方可以将妇女出卖。没有经过明媒正娶的妇女，不得在父母家生育小孩，一旦被发现，村人杀其家猪牛。

⑥女的不准在家招亲，不准与外族人结婚，不准与同姓同村人结婚。

⑦出卖妻子的须报千户长允许，写卖契约不得在村里写，必须到野外写。

⑧偷盗财物被打不问罪，被抓住加倍赔偿。强奸妇女、杀人放火，被发现打伤，除老人、小孩、残疾人外，一律不问罪。

⑨外籍人到本地居住，须负担居住地祭祀庙宇的香火钱。本族人带田土迁往外地居住，必须负担原居住地祭祀庙宇的香火钱。

⑩如遇到外族人来犯，一经族人鸣锣通报，必须立即到指定地点集合参与抵抗，否则按通匪者论处。

从上述十项职责来看，千户长基本上履行了地方行政长官的职责，在纳税当差、维护社会秩序、执行瑶族习惯法方面有重要的作用。封建王朝通过千户长的设置实现了政治势力向伍堡瑶社会的渗透与控制。

1954 年，湖南省民族事务委员会到湖南江华县第三区、第四区做民族识别的时候，在调查过程中就伍堡瑶千户长的职责做了如下整理：

①每年负责征收本宿各户粮款送县。

②十年编造本宿各户粮册一次送县。

③处理宿内民、刑争讼。

④督促宿内各姓应负责把守的三条九隘险地。

⑤公议三宿对外贼来盗的防御措施。

⑥通过三宿千户所提应处斩的极刑罪犯。

⑦证明婚嫁买卖等事。

⑧主持宿内宗政事，并掌握所属各庙财产。

由此可知，千户长的权利非常重要，涉及伍堡瑶的经济、生活、司法刑侦、战备、婚丧嫁娶。尽管千户长的地位重要、职责繁琐，但他们并非专职，并无特权。正如恩格斯所说："酋长在氏族内部的权力，是父亲般的，纯粹道义性质的；他手里没有强制的手段。"① 千户长与其他瑶族成员一样以户为单位参与生产，平等地参加各种文化实践活动。三宿瑶民与各千户长之间并非被统治与统治的关系，而是以纳税户为单位进行封闭管理。涉及某宿或三宿的利益时，才由千户长牵头进行协商。这种集传统的瑶老制和千户长制于一体的社会组织符合伍堡瑶的实际和封建王朝统治的需要，十分有利于地区的稳定。千户长的职能是对内掌握各项事务，与瑶老合作，处理内部纠纷，负责下情上达和上情下达；对外与官府联系。千户长制实际上是明清时期封建王朝在大瑶山实行"以瑶制瑶"的一种延伸，是对瑶民实行军事管理和控制的一种制度。这种制度的推行使得明清时期封建统治势力更加深入瑶区。千户长制度架通了伍堡瑶与地方统治阶级之间的桥梁，为封建王朝在上伍堡的实际统治打下了基础。

千户长最先是推举办事能力强、会讲道理、在宿中有声望的人士出任，之后成了世袭。在上伍堡一带，奉、唐、李千户长的权威非常高，他们的影响力至今仍旧存在。只要奉、唐、李三姓瑶人民间头领统一了思想，在上伍堡往往就没有办不成的事情。与瑶长关系密切的是"户"，"户"主要是建立在血缘关系上的，是纳税的组织单位。封建王朝之所以

---

① 恩格斯. 论住宅问题［M］//马克思，恩格斯. 马克思恩格斯选集：第 4 卷. 北京：人民出版社，1995：84.

要设立千户长，主要是使之起到中介作用，让官府的影响力达到基层；同时，通过控制首领的办法，达成“以瑶制瑶”的目的，以此减少因文化、语言等隔阂而导致的正面冲突。

四、千户长的变迁

晚清以来，千户长制被逐步废除。伍堡瑶设立“瑶外委”，其首领叫“瑶长”。清代的“瑶长”与明代的“千户长”除了称呼上的不一样外，并无实质上的区别，都是集官方民间使命于一身的瑶族领袖。清道光二十六年（1846 年）的《永明县志》记载：“每瑶立长以总之，目以佐之，小争则长与目听汀，大事则讼于官。”瑶长的设立及职责与千户长的设立及职责大体类似。笔者在上伍堡的伍堡瑶做田野调查时，地方精英告诉笔者，过去他们的首领叫千户长，他们拿出家中保留的《上伍堡三宿总册底引》用来佐证。《上伍堡三宿总册底引》每十年修订一次，笔者看到的都是些清代的资料，最早的是清乾隆年间的。里面涉及上伍堡三宿的首领时仍旧叫“千户长”。

中华民国时期，国民政府在全国各地推行保甲制度，上伍堡地区也不例外。据伍堡瑶老人介绍，那些保长、甲长基本上也是由千户长的后代担任。在瑶族聚居区，最具影响力的还是那些千户长的后裔。在他们看来，保长只是履行国民政府的纳税、完粮、征兵职责。上伍堡三宿内部处理土地纠纷、刑事案件、涉外关系以及婚约的标尺都是千户长时期的旧例。中华民国时期，由于政纲松弛、社会动荡，伍堡瑶与周边的梧州人、客家人等之间的各种土地山场纠纷不断。面对纠纷与诉讼，伍堡瑶维护自身利益面最有力的武器就是旧例规定，即《上伍堡三宿总册底引》里面的山场界线。至于伍堡瑶内部的矛盾纠纷，也并非保长、甲长可以处理的，能协调处理三宿之间的利益纠纷和各种刑事案件的还是那些德高望重的千户长及其后裔，他们处事的标准仍旧是千户长时期达成的旧例。

千户长是历史的产物，是在特定的历史条件下与社会、文化传统以及生态环境相适应的产物。然而，千户长并非像其他民主制的社会组织那样由公众民主选举产生，而是由第一批定居者的头领担任，之后便变成了世袭制度。笔者在田野调查中发现，在千户长的众多儿子中，一般是倾向于长子继承。但是，前提条件是长子必须具有四个儿子及以上才有资格继承；否则以此类推，选择具有四个儿子及以上的成年男丁担任。随着中华人民共和国的成立，千户长制也逐步退出了历史舞台，但其影响力却在很长一段时间内存在。

第三节　基层社会治理

不管是瑶老制还是千户长制，其本质都是封建王朝为了控制瑶族社会，对瑶族聚居区进行实际统治。对瑶族聚居区的社会控制主要体现在两个层面：一是封建王朝通过千户长制，把姑婆山北麓的上伍堡瑶族聚居区纳入管辖范畴，进而加强对南岭的控制，以此巩固地区的稳定；二是瑶族聚居区的千户长通过各种“律例”把封建王朝的政令传播到瑶族聚居区，并按照“旧律”对瑶族聚居区进行控制，确保瑶族聚居区的稳定，进而保持社会的稳定与发展，与此同时尽可能为本族群获取最大化的利益。

一、封建王朝对瑶族聚居区的治理

姑婆山北麓的上伍堡地处“荒蛮”之岭南与“文明”之岭北的交界

处，相对于中原一带，无论是政治、经济还是文化都属于“边缘”。在封建社会，“边缘”不仅是落后、野蛮、未开化的象征，也是封建王朝势力一时难以控制的地区。明朝先后用了100多年才平定大藤峡瑶族起义，这从一个方面说明了封建王朝控制这些“化外之民”的艰难。“武功”不行就来“文治”，千户长制的推行就是“文治”的表现。具体而言，封建王朝主要是通过封建王朝律例和各种诉讼判词等政令以及成文法来控制瑶族聚居区。

（一）封建王朝律例的治理

封建王朝律例主要是指地方官府按照明、清不同时期治理地方的政策结合各地实际来实施的政策。对于伍堡瑶来说，封建王朝律例主要如下：

1. 纳税赋免役

伍堡瑶的前身过山瑶是不服徭役的，他们在深山老林里广种薄收，“食尽一山则他徙”，自保尚不够，何来余粮纳税赋？他们在定居上伍堡后，拥有了属于自己的耕地，找到了又一个千家峒，甚至上伍堡三宿比千家峒的自然条件还要优越。姑婆山有春头源、流车源和镇头源三条较大的河流流经，水源充足，伍堡瑶基本上可以做到衣食无忧、旱涝保收。从某种程度上说，伍堡瑶被百户韩恩、县令周于德招抚来此居住目的就是增加地方财政收入。在这样一片类似于千家峒的土地上，伍堡瑶生存繁衍，愿意纳税赋，并且他们的税赋很低。通过纳税赋，伍堡瑶跟地方官府联系在了一起，得到了地方官府的保护。因此，伍堡瑶总是积极纳税赋，在宿内对不纳税赋者的处罚很重，直接剥夺其土地拥有权。伍堡瑶在土地交易中也是把税赋写进去，买家无条件承担原来的税赋。

2. 戍守边疆

上伍堡地处南岭走廊的交通要害处，是岭南与岭北的分界线，其地理位置十分重要。上伍堡四周除北部外，几乎都是没有入籍的“生瑶”。西部是六寨八都瑶，南部是罗溪罗旧瑶，东边是八排瑶，东南边的山上还居住着不少苗族。尽管伍堡瑶所住之地属于萌渚岭山脉，从地理位置上说，上伍堡所在的南岭走廊算不上是边疆，但是上伍堡远离封建王朝的政治、经济统治中心，王朝势力在这里较为薄弱，因此上伍堡算得上封建王朝政治、经济的“边缘”地带。伍堡瑶定居上伍堡后，有一个重要的职责就是守隘口，即“三条九隘”。这些隘口就是通往两广地区的要道，因此守隘口其实就是戍守边疆。

3. 听从调遣

守卫隘口只是自保，是平时封建王朝无战事之时的一种常态职责。除此之外，伍堡瑶在国家有难时，还肩负着听从王朝调遣的使命。为国家解危、为封建王朝出力是伍堡瑶一以贯之的优良传统。相传，他们的先祖盘瓠就是在国家处于风雨飘摇中的时候，挺身而出，凭借一己之力咬死高王，拯救了国家。伍堡瑶在上伍堡居住时所信仰的仁王，也是一位为国家立过战功的将领，也是被皇帝封的王。因此，听从调遣是伍堡瑶乐意的事情。在明隆庆年间锦田流寇反叛，伍堡瑶随官兵到锦田攻打叛军，解救了被围困的村寨。“由此，县衙每年牛酒花红以犒之。”

（二）成文法的治理

伍堡瑶虽然没有自己的文字，但随着与汉族交往的不断加深，伍堡瑶中的部分富裕者有机会接受一定的儒学教育，初具读书识字能力。旦久宿的宿长奉子仂就写过一篇叫《来历书》的文书，文从字顺，颇具文采。明洪武二十一年（1388 年），奉子仂在旦久宿建立起了上伍堡第一栋砖瓦房，竹子尾宿的头户李冬仂写了一副文采斐然的对联，以此祝贺。内容是：“冰消云化，荒堡呈五光十色；冬去春来，旦久呈百态千姿。”

瑶族的成文法主要是指一些刻在石碑上的约定。例如，明景泰元年（1450年），三宿头领建好岭下大庙后，在庙前曾经立有一碑刻，其主要内容就是《过山榜》中关于山场之规定的榜文。

这些刻在石刻上的条文是伍堡瑶必须遵守的法则，也是约束和处罚瑶民的准则，严重者甚至要在石碑前就戮。

由于伍堡瑶居住环境复杂，周边有梧州人，山上有过山瑶，因此诉讼成了伍堡瑶无法避免的常事。每次诉讼后，伍堡瑶都把这些官府的判决词刻在石碑上，既警示自己也警告对方。这些官府的判词，也可以视为伍堡瑶的成文法。

例如，部分伍堡瑶图一己之私，私自把山场出让给过山瑶垦种，引发了伍堡瑶与过山瑶以及伍堡瑶内部的矛盾。官府处理后，伍堡瑶的千户长就将之刻在石碑上，立于山场的显赫位置。其意图非常明了，就是警告涉事双方，如再有违法，就将送官，使肇事者接受官府的制裁。

对于伍堡瑶来说，正式的社会控制是由主体社会通过瑶长制的协助来行使的。瑶长主要依据封建王朝的法律来进行约束，目的在于维持伍堡瑶与周边族群之间的既定关系，保持社会安宁。尽管在这个体系下有瑶长的参与协助，但起主导作用的并非伍堡瑶本身。封建王朝统治者借助国家机器和民人乡绅的力量往往形成借间接统治机制的作用，实现正式的社会控制。

在上伍堡，伍堡瑶虽然人数占优，但相对于封建王朝的统治者来说，他们还是弱者，只能被动地接受强者的逻辑。在官府看来，如果处理的纠纷是涉及两个不同的族群，一方为伍堡瑶，另一方为梧州人或民人的时候，双方都要置于主体社会的法律之下，执行正式的社会控制。伍堡瑶由于文化差异、语言隔阂、经济能力限制以及交通障碍等原因，受制于主体社会的法律，在整个诉讼过程中因先天性的弱势（主要是指被歧视）以及由此带来的诸如落后、野蛮等刻板印象，处于不利地位。旦久宿的白竹塘瑶寨在清光绪年间与周边的梧州人为了争夺一片祖传的山场，从县到府打了 17 年官司，后来是借助非常规的力量才赢得了官司。官司虽然赢了，但是财力也耗尽了。

二、非正式的治理

伍堡瑶社会没有文字，在私塾没有开办之前，除了少数师公认识几个字外，识汉字的人非常少。伍堡瑶主要是靠习惯法维持秩序，规范人们的行为。习惯法是民族精神、民族文化的体现，通过它我们便可以了解蕴涵于其中的传统文化和模式。“一个民族总是强调一些有别于其他民族的风俗习惯及生活方式上的特点，赋予强烈的感情，把它升华为代表本民族的标志。”① 伍堡瑶的社会控制对于地域外来说，是软弱无力的，但在上伍堡三宿内部却有很强的控制力。在宿内的控制属于非正式的控制。非正式或形式化的社会控制（informal social control）可以存在于任何社会，但在没有文字和发展程度较低的社会最具有意义。伍堡瑶的非正式控制主要有以下几个方面：

（一）严惩盗窃，保护私有财产

伍堡瑶对盗窃行为恨之入骨。在日常语言中，伍堡瑶常把那些行为不端的人称为“拐子”“蛮子”。同家族中如有男子有盗窃行为，不仅这名男

① 费孝通. 民族与社会 [M]. 北京：人民出版社，1981：18-19.

子找不到老婆，还会连累整个家族。整个家族的人都会为此感到羞愧，在村寨中无法立足。笔者在进行田野调查的时候，曾经到过广西富川新华乡的虎马营，笔者对一位老人做过简单的访谈。

我们新华这楷（边）以前没得闹子（集市），都是到湖南河路口赶闹子（赶集），没受到过湖南伍堡瑶人欺负。他们对我们很客气，大家都是瑶人，也没有听老辈人讲起受欺负的事。湖南那楷（边）对蛮子，下手好重的，抓到就往死里打。到湖南赶闹子（赶集）好安全的。

伍堡瑶如果在集市上发现小偷，人人都会追打，小偷也就成了过街老鼠，很难逃脱伍堡瑶群众的追赶。在过去，小偷一旦被抓住必将受到殴打，只要不打死，群众都是无须负责任的。在伍堡瑶看来，“拐子”是吃了“拐子药”的，很耐打，是打不死的，因此人们下手也重。伍堡瑶老人告诉笔者，如果发现外地人到村里偷东西，一经抓获，必将惩罚，除了常见的殴打外，就是把小偷的衣服扒光，看他是不是知道羞耻。再就是用打稻机的谷仓把小偷罩起来，关一天一夜，直到他家人来领回。瑶族是个苦难的迁徙民族，迁徙过程中受到了来自自然和社会的诸多压力，在持续不断地与天灾人祸做斗争的过程中，养成了勤劳勇敢的品格，对那些好吃懒做者嗤之以鼻，深恶痛绝。加上瑶族的生态环境恶劣，长期以来都是采取刀耕火种、广种薄收的原始生计模式，一年到头收获还不够果腹，如果遇到偷窃就会导致生活难上加难。因此，瑶民对偷摸苟且行为尤其痛恨。伍堡瑶在漫长的生产生活实践中，积累了一套扶持帮助弱者的文化模式，也就是免费借用、义务帮工。大到猪牛，小到油盐酱醋，贫困者只要缺乏了都可以向邻居借，什么时候有什么时候还。贫困人家想建房，只要备好材料就可以了，瑶民会出工出力，义务帮工。

（二）保护共有财产

伍堡瑶族定居上伍堡后，以宿为单位对抛荒之田进行分配。对山场，他们按远山和近山的标准进行划分，远山以隘口为标尺，每一个宿守护三个隘口。远山属整个宿所有，让其自然生长，人人都可去狩猎开垦。谁开垦的土地就归谁耕种。土地如果被租给附近的过山瑶，那租金就归整个宿。近山的林权也归整个宿，但用途有点不一样。近山主要用于牧牛、砍柴做饭，因此也叫“柴火山”。伍堡瑶定居从事农业后，耕牛的重要性就凸显了出来，几乎每家每户都养牛。牛是食草动物，因此瑶民要留出一定数量的山地用于放牧耕牛。近山上有很多杂树，枞树、杉树的枝叶是上好的柴火，也是瑶民获取热量的燃料。大瑶山的冬天湿气重、有雨雪，需要烤火，这个时候杂树就是很好的烧炭原料了。杂树烧成炭后，耐烧、热量大。除了山场之外，位于低谷的田地，在伍堡瑶定居之初，也是分到了各宿，由宿内各户自行垦荒，谁垦荒就归谁。后来，随着岭下大庙的新建，根据祭祀的需要增加了庙田。伍堡瑶居住三四代后，随着人口的不断繁衍和分家，祖田也逐步形成。这些共有财产在瑶民的生产生活以及文化实践中有重要的作用，是每一个人都必须爱护和保护的。保护这些共有财产的途径就是依靠习惯法，按当地语言来说就是依靠“旧例”。

（三）对婚姻的保护

伍堡瑶的婚姻习俗在不同的阶段、不同的宿发生了一些改变。婚姻是人口繁衍的基础，伍堡瑶所立足的上伍堡，森林密布，田土广袤，东部与八排瑶为邻，西部与富川的八都瑶相接，南部与贺州的过山瑶为界，四处有隘口，并且还肩负着守御苗瑶的重任。这需要诸多的成年男丁，因此伍堡瑶对生育人数没有限制，并且有重男轻女的习俗。为了保持族群的有效繁衍，伍堡瑶对通婚范围、通婚对象的约束较多。伍堡瑶实行的是地域内婚，曾经在一定范围禁止同姓通婚，禁止招郎入赘。后来，由于奉、唐、李三姓人口过多，通婚对象受到限制，伍堡瑶就逐步取消了同姓不能通婚的规定。为了保护宿内婚姻的稳定，伍堡瑶对不正当的性行为限制严格。

三、非正式的社会治理方法

（一）调解

伍堡瑶内部有着十二姓瑶与非十二姓瑶的分别。从千家峒搬来的十二姓瑶族，被认为是正宗的瑶族。这十二姓瑶族中的沈姓和包姓已经不知去向。除了十二姓瑶族外，还有车、刘、陈、林、罗等被称为“家”的瑶族。这些瑶族尽管不是正宗的瑶族，但在与伍堡瑶的社会交往过程中，习得了伍堡瑶的语言，各种社会习俗与伍堡瑶没有差异。不管是他们自己还是从千家峒来的瑶族，都把他们称为瑶族。上伍堡内部的结构存在着丁、户、宿的分别。“丁”是家庭，包括了主干家庭和扩大家庭。“户”是指纳税户。伍堡瑶共同的祖先是迁到上伍堡的始祖，原则上一户就是一姓。后来，由于有的户人口减少，逐步迁到他处，剩下的就融入其他姓。例如，17户人家之一的蒋子仂户的后裔由于人丁不旺，逐步搬迁走了，剩下的就住在斜力隘村，最后融入了任姓户，与任姓户一起纳税。“宿”是按照地域划分的单位，上伍堡三宿各有自己特定的山场和土地。尽管上伍堡三宿各姓的来源不一，但由于长期的通婚，加之使用同样的语言、遵守同样的社会规范，形成了一个紧密的群体。在宿内，人与人之间是和谐共处的。如果遇到什么纠纷，大至血海深仇，小至偷鸡摸狗，都可以使用调解的方式来解决。由于伍堡瑶定居之初的同姓不婚和宿内外婚，使得宿内各瑶寨之间要么是有血缘关系的同宗族人、要么是有姻亲关系的亲属。以血缘和姻亲为纽带，整个伍堡瑶形成了一个群体。在外在的压力下，伍堡瑶内部很少有什么矛盾纠纷，即便有，往往也没有调解不了的。

（二）罚款

伍堡瑶内部尽管非常团结，互相友好，宿与宿、寨与寨之间都是亲属和熟人，发生矛盾纠纷的概率不高，但也不是一点矛盾纠纷也没有。尤其是与性、婚姻有关的矛盾纠纷还是不断发生。伍堡瑶对宿内的婚姻，尤其公序良俗的规定很严，但仍屡有以身试法者。对于这些违背风俗之人，伍堡瑶最为有效的制裁措施就是罚款。在奉兴朝老人整理的千户长十项职责中涉及婚姻的处罚条款就有五项。对通奸者的处置是“女方家人可砸男方东西，男方要登门道歉；男方打骂通奸男女，千户长不过问”。出嫁女，在婆家如果有婚外情行为，就将被视为作风败坏，男方可以将妇女出卖。一名女子如果没有经过座歌堂（明媒正娶）就到男方家，被视为非法的。对这些没有经过习俗认可的婚姻，女方一旦生育，就被认为是给村寨带来了邪气，有可能给村寨带来灾难，宿内的首领就可以对这对夫妇进行处罚，小到杀其家猪牛，供大家吃喝；大到不准这对夫妇在父母家生育小孩，还要罚这对夫妇的家人为村人请法师给村里祛邪。

（三）刑事处罚

1954 年，湖南省民族事务委员会经过调查后写了《江华县第三、四、五区瑶族成份问题的调查报告》，这份报告里面涉及千户长对伍堡瑶违法的处理情况。

三宿瑶民千户长，除管理上列事项外，更主要的是执行着历来反动政权的“以瑶制瑶”政策，由于他们的“效忠”，他们的权利到了明崇祯四年（1631 年），“上”准对“暴民”有生杀之权时，达到了登峰造极之境。李氏家谱记载：“万历十四年（1586 年）察院张大人准祖父立碑记于武昌永州府，江华县正堂之旁，立述开垦之情。五堡之来由也。崇祯四年准立大岗山，（在五区上伍堡乡大岗村）。抗匪即戮之。”现在上任乡大岗村以前的刑场，虽然“烟草无曼”，仍存有旧碑数块，如有关的“郑侯革币整俗碑”以及各代县官的题词……几百年来在大岗刑场所杀的“暴民”总数在千人以上①。

这段记录尽管观点有点偏激，但也告诉我们，伍堡瑶的内部管理非常严格，宿长们取得了生杀大权。现在的财塘村的荒坪上原来有一块碑，当地人称之为“杀人碑”。那些民愤极大的犯人，经过三头户同意后，就在这块碑附近被杀死。我们无法知道调查者“几百年来在大岗刑场所杀的‘暴民’总数在千人以上”的数据来自哪里，笔者在田野调查过程中发现，伍堡瑶对一个瑶民处以死刑是非常少见的。哪怕是那些背有人命案理应被处死的犯人，如果其家里能拿得出一笔钱，也可以免于死刑。既然连人命关天的事都可以调解，伍堡瑶内部还有什么不可以协商调解的呢？因此，说“几百年来在大岗刑场所杀的‘暴民’总数在千人以上”是缺乏证据的。上伍堡的伍堡瑶的千户长们虽然具有“杀人不告官”的权利，但判决一个人死刑的程序却很复杂。据老人们回忆，要杀一个人，17 户的千户长必须到大岗头的杀人碑前开会，只有一致同意了才可以杀。因此，只有那些穷凶极恶、屡教屡犯之人才会被处死。那些偶尔失手之人，如有悔悟之心，尽管背负命案，只要赔付了一笔钱，也可以得到宿内瑶民的原谅。受害者的家属已经悲痛欲绝，如果再将有悔改之心的伤害者处死，又会给另

① 湖南省民委调查组. 关于平地瑶民族成份识别的调查报告［R］. 1954.

一个家庭带来灾难。在一个宿内居住之人非亲即故，原谅他人，也就给自己的未来换得一份回报。在伍堡瑶社会，这其实也是一个明智的选择。笔者认为，伍堡瑶这种心胸的豁达，跟他们的历史文化有着千丝万缕的联系。像伍堡瑶这种没有形成高度集权的社会，没有成文法，没有司法机关，依据习惯法而来的许多措施，既有效又有很强的约束力，与伍堡瑶的社会人文生态环境相适应。

一个族群不管其文化发展的程度如何，都必须有一套完善的社会控制制度与之相适应，否则这个族群将缺乏生命力。地域风俗就像一个区域的法律，它规范着人与物、人与人、人与社会之间的关系，任何偏离社会规范的行为，必将受到来自各方力量的抵制。上伍堡的伍堡瑶正是凭借这一系列的正式或非正式的社会控制灵活有效地处理与周边族群、与官府的关系，平衡内部各主体的利益，求得整个社会的稳定与发展。

第五章
社会教育互动

定居伍堡之后，随着生态环境和社会环境的变化，社会教育也发生了变迁。本章以瑶族教育变迁为视点，以文化教育为维度，探讨伍堡瑶与其他族群进行互动的历程。

第一节　瑶族传统教育的途径

过山瑶最主要的属性之一就是迁徙性，在过去，他们都是“食尽一山则他徙”，从事着刀耕火种式的原始农业，广种薄收，效率非常低，需要大片的山场才能勉强获取维持生计所需的基本食物。这种生计模式决定了他们的聚落方式只能以零星的散居为主而无法像定居农业那样集中居住在一起。这决定了过山瑶的教育方式只能是以社会教育为主。

一、口耳相传的家庭教育

由于环境艰苦，营生不易，瑶族传统的家庭结构以核心家庭为主，没有重男轻女的习俗。在生计方面，瑶族除了耕山就是狩猎和采集，这些都需要不断移动。他们的居住模式也不以姓为单位自觉汇集。他们的迁徙也不是单姓行动的，而是几个姓一起迁徙。过山瑶的迁徙性和较小的核心家庭模式决定了他们的传统教育以家庭教育为主。

家庭教育是传统教育的一个重要方面，瑶族对子女的教育非常重视。一个家庭新成员从出生之时起，就在耳濡目染中接受来自家庭成员的教育。瑶族靠山吃山，把深山老林视为衣食父母。在这种生态环境下生活，自然会产生万物有灵的信仰。在瑶族看来，人与大自然、与植物是生命共同体，因此在新生命诞生的时候，都会为新生儿植一棵“生命树”。“生命树”一般以杉树为主，一是杉树的生命力旺盛，可以在贫瘠的土地上顽强生存，瑶族老人希望孩子像杉树一样具有蓬勃的生命力；二是如果孩子在成长过程中不幸夭折，就砍掉这棵树做一副棺材，回归大自然。在瑶族看来，婴儿出生是“花母”赐花给孕妇的结果，因此瑶族把未成年的小孩叫“花男”“花女”。如果 14 岁以下的孩子生病了，瑶族会认为是孩子的“花根”之土壤松弛了，缺少营养了。这时瑶族就请一个法师，做一个叫“垒花根”的仪式，即通过该仪式，给呵护孩子的“生命之花”的土壤添加养料，就像给农作物施肥一样使之长得旺盛。瑶族通过这种原始思维把孩子与自己种植的农作物象征性地联系在了一起。受自然环境的影响，为了与生存环境相适应，过山瑶的家庭教育以生计训练为主。不管是男孩还是女孩，在八九岁的时候，就开始了学做家务，主要是做饭、喂猪和鸡鸭等。等孩子到了十二三岁，就开始更高强度的生计训练。有俗语称：“男十二当家，女不嫁懒汉。”十二三岁的孩子就开始在大人的带领下从事生产和日常劳作，主要是挑水、割草、喂牲畜、挖地、看牛、舂米、洗衣服等。这时也有了男女的基本分工，男孩子跟大人学垦山种地和狩猎等劳动技能，到 15 岁左右就已经熟练掌握犁田、耙田、打谷等农耕技术。如果一个男孩子能够独立伏击野兽就标志着他已经基本成年。女孩子则学习耙草、喂养家畜等技能。刺绣也是女孩子必学的，瑶族的刺绣以十字绣为主，一般都是照着前辈人留下的样本在母亲或者姐姐的言传身教下进行学习。

除生计学习和训练外，道德礼仪教育是家庭教育的主要内容之一。由于瑶族居住分散，生存条件恶劣，为了增强团结协作，以便在与自然环境的抗争中求得生存，他们对孩子的教育并不鼓励竞争，而是鼓励团结协作。因此，瑶族在行为控制上以顺从为主，在道德教育上强调以诚实守信、勤劳和尊重老人为主。一般来说，瑶族的社区相当分散和孤立，来自周边族群的压力很大，强调区域内的团结协作方能增强自身的发展力量，唯有顺从才可以延续种族；唯有勤劳才可以在相对封闭和落后的环境中，获取延续生命所必需的物质能量；唯有不欺诈、不盗窃才可以减少社区内部的矛盾纠纷。由于科学知识的缺乏，瑶族的日常生活和生产劳作（包括生老病死）都要依靠老人的生活经验，因此瑶老在瑶族的生产生活中具有重要的地位。历史上，瑶老制的形成便是历史选择的产物，因此瑶族聚居区尊老敬老之风盛行。这些基本的日常家庭伦理道德教育是在家庭内完成的。过山瑶在历史上没有什么娱乐活动，劳作之余的闲谈便是最好的娱乐。冬天一家人围坐在三尺见宽的火塘边，一边喝着浓郁的茶，一边以故事的形式教育子女要遵守各种社会道德标准和礼仪规范。

历史教育是家庭教育的又一重要内容。在南北朝时期，瑶族的主体意识就已经产生，至今已有约 1 600 年的历史。千百年来，以盘瑶为主体的瑶族由北向南，沿着大江大河和深山老林，朝着太阳升起的地方不断迁徙。在自然与社会的重重压力下，瑶族之所以能保持自己的族群独立性，没有灭亡，成为一个具有不间断历史的民族，原因之一就是他们有共同的族源传说，即把历史上发生的一些重大历史事件以传说的形式加以记忆并在各种场合进行宣讲。其中族源传说——“盘瓠传说”是瑶族反复吟诵的历史故事。在盘瑶看来，区分一个族群是否属于瑶族的主要标准就是是否信仰盘王。瑶族把十二姓子孙视为盘王的子女，这是他们笃定的历史信仰。瑶族的历史文书《过山榜》里反复记载着“盘瓠”的故事。20 世纪 80 年代以前的江华县过山瑶社区，每到夜幕降临，老人们就在公共场合给年轻人讲故事，讲到动情处就声泪俱下地吟唱《过山榜》中记载的盘王历史。除“盘瓠传说”外，千家峒传说和漂洋过海传说也被瑶族群体认为是历史上真实发生的历史事件，也是他们内部凝聚族群力量，与其他族群区分的文化标准。千家峒尽管不一定是一个真实的存在，或许只是瑶族迁移过程中的一个驿站、一个理想中的家园，但这并不妨碍“千家峒”成为瑶族的精神纽带和想象中的家园。只要是盘瑶支系或过山瑶支系，他们或许不一定信仰盘王，但其民间流传着千家峒传说是毋庸置疑的。每一个瑶族支系都说自己的先祖来自千家峒，至于千家峒的位置则非常模糊，有的说是湖南的江永县，有的说是湖南的道县，有的说是广西的灌阳县，等等。有的学者还主张千家峒是洞庭湖边上的宁乡市龙窖山。千家峒原址的争议并不影响其成为瑶族心目中的圣地。由于千家峒在瑶族历史上的重要性，因此千家峒的故事也是世世代代瑶族人必须反复记忆和传承的。与盘瓠传说和千家峒传说类似，漂洋过海传说也是瑶族一个重要的历史传说，更确切地说是一个历史事件，是一个对瑶族族群的生存和发展产生重大影响的历史事件。其大意为瑶族在迁徙过程中有一次遇上了大风大浪，正当十二姓瑶族面临着全体落海的时候，他们的始祖盘王显灵，拯救了盘瑶十二姓瑶族。不管是盘瓠传说、千家峒传说，还是漂洋过海传说，在瑶族看来，都是真实的历史，是瑶族迁徙过程中不容置疑的历史。对这些历史，瑶族总是在各种场合反复向后代宣传。除了这些共同的历史记忆之外，每一个瑶族支系都有自己的迁徙历史，因此每一个瑶族支系都会结合自己的迁徙历史，由长辈向晚辈讲述祖先与灾难、猛兽、封建统治势力做斗争的事迹，告诉他们家族迁徙的路线、最初来自何方以及民族历史上发生过的一些大事，告诫他们要牢记自己是瑶族子孙，要不忘本源，并以此鞭策后辈不能给祖先丢脸。

二、以生存性智慧教育为主的生命教育

正如马克思所言："人是社会关系的总和。"盘瑶更多的生计和道德知识是通过社会教育的方式来获取的，因此社会教育是传统教育的一个重要方面。盘瑶的社会教育的方式较多，主要有年节的集体祭祀活动、婚嫁习俗和各种宗教仪式。

瑶族几乎每个月都有节日，除去受汉族文化影响较深的传统节日，如春节、中秋节、中元节、端午节等之外，比较有区域特色的节日如下：

（一）开春节

江华县岭东过山瑶社区在每年立春这一天都是由瑶老主持一个开春活动。当地瑶民称之为开春节，意思是春天来了，瑶民既可以依据"旧例"从事各自的农业生产，也可以上山狩猎了。这一天，全体瑶民集中到盘王庙前，由瑶老向全体瑶民讲述瑶族的历史和本村落的迁徙史、村规民约以及瑶民在生产生活中应该注意的地方。瑶老所讲内容除了《过山榜》记载的外，就是本村落最近几十年至多上百年发生的各种事情。这些事件对于年老一代来说是历历在目的，他们本身就是体验者。所述生产生活中的细节均为历代瑶老在生产生活中的经验，主要精华是生存性智慧。之后，瑶老在瑶民的欢呼声中宣布正式开春，这标志着新的一年开始，瑶民可以上山打猎和耕作了。开春节这一天，瑶民以自己的方式大碗喝酒大块吃肉，然后在醉意朦胧中憧憬未来的一年。

（二）社节

江华过山瑶传统的社节有两个：一个是二月社，另一个是八月社。社节主要是祭祀社王的，目的是祈祷当年的人丁兴旺、牲畜快长、农业丰

收。在社节这一天，家家户户派代表凑“份子”，集体杀猪，在瑶老的主持下祭祀社王，然后由瑶老和各家各户商量有关农业和林业的生产事情，进而安排部署当年的修路、架桥、维修庙宇等基础设施建设大事。这种集体参与的祭祀活动，既把村落所有的家庭凝聚在一起，又使得参与者在集体活动中习得诸多知识，在生活和生产上获取经验与智慧。进入 20 世纪 80 年代后，集体过社节的活动逐步被淡化，大多数瑶民都在自家过，有的甚至逐步忘记社节这回事了。

（三）分龙节

立夏之后，瑶族社区进入干旱季节，而此时正是庄稼抽穗的季节，亟须雨水。在瑶族看来，“龙”是分管雨水的，因此要对“龙”格外尊崇，他们认为雨水的多少是由龙来分配的，而分龙节这一天就是龙决定雨水分布的日子。分龙节具体的时间每年都不一样，以历书记载的为准，但都在立夏以后。分龙节头一天，瑶老要在村寨里组织全体瑶民开个会，在讲授完毕耕作夏季作物的有关知识后，就模仿老辈人的做法，宣布一些“规矩”，大体上是分龙节这一天不准搞生产，不能挑粪桶，不能讲粗话，还要各家各户杀鸡杀鸭在村庙和家里祭祀龙神。瑶民如果不遵守的话，雨水就分不来，或者分得少，这样就会造成干旱，影响农业收成，进而会影响一年的生活。

瑶族是一个能歌善舞的民族，虽然他们没有自己的文字，但不影响他们传唱自己的生活和传播人生的智慧。20 世纪 90 年代以前，江华县湘江乡有一位叫盘才佑的老艺人，可以连续唱七天七夜，不用打腹稿，被人誉为“瑶族歌王”。瑶族不分男女，自牙牙学语时期就开始跟着大人学歌。瑶族所习之歌不仅仅是“以歌传媒、以歌传情”的男女恋歌，虽然恋歌是瑶族歌谣的有机组成部分，但除此之外，还有大量生产生活歌谣和类似于脑筋急转弯之类考察智慧的歌谣。在过去，人们没有什么娱乐活动，比歌赛歌就成了一个常态化的集体参与活动，其中又以“坐歌堂”最受人欢迎。瑶族的“坐歌堂”是一个集体参与的活动，老少都可以去观听。每当瑶族家中来了年轻的客人时，尤其是女客人时，便会很快在瑶寨中传开，这时擅长唱歌的男青年就会在晚饭后约上几个伙伴到来到主人家玩，与女青年对歌。瑶民称之为“坐歌堂”。晚上八点左右，客人刚放下碗筷，瑶寨中的男青年就来到主人家了。这时主人心里也是愉悦的，因为他知道今晚在他家里将有一场瑶族歌谣的文化大餐，这些男女青年将免费为主人做一次宣传，第二天主人及其家人将成为瑶寨的话题焦点和新闻中心。在主人盛情邀请入座、上茶后，男青年开始找机会与女青年聊天，等到看热闹的人越来越多，围住厅房时，男青年开始试探性地唱歌。经过你来我往几个回合的试探，他们就开始对歌。开始往往是男青年首先向女青年“发难”和“挑战”，紧接着女青年也不甘示弱地予以“回击”。他们所唱之歌绝不仅仅是情歌，更多的是历史歌、流源歌、生产知识歌以及谜语歌，这些歌谣大多是前人流传下来的口述史以及生存性智慧的总结，都是历代瑶族文化人集体创作的产物。看热闹的人听歌的过程也是一次习得本民族历史文化的过程，获得了一次本民族文化洗礼的机会。很多地方性知识都是在这种场合以耳濡目染的方式习得的。如果说这些历时性固化的歌谣考的是一个歌手的记性和平时习歌的专心程度的话，那么这还只是些“死功夫”。更能分出胜负、考验唱歌者智慧的则是一些“活功夫”，也就是应急歌和情景歌，即看到什么唱什么，想到什么唱什么，这就需要一定的反应能力和行文造句能力，按瑶族民众来说，就是考谁的“肚才”好。如果一方不能以歌的形式对唱下来，就认输了。输的一方会受到赢的一方善意的奚落和嘲笑，当然赢的一方也会给输的一方留面子，奚落和嘲笑都是适可而止。“坐歌堂”表现出众者很快就会成为人人皆知的“明星”。

三、仪式教育

瑶族的传统教育除了家庭教育和生命教育外，还有仪式教育。仪式教育是社会教育的重要组成部分，是瑶族完成社会化过程的重要环节。由于其具有宗教性和神圣性，因此我们将其单独作为一个专题进行阐述。瑶族历史上的仪式繁多，具有群体参与性和族群教育性的以瑶族的成年礼“度戒”和祭祀先祖的“还盘王愿”仪式最为隆重和庄严。

度戒是瑶族男子的成年礼。在历史上，一名瑶族男子如果没有经过度戒仪式，不管他实际年龄有多大，在瑶族社会看来这名男子都不能算作成年。既然没有成年就不能娶妻生子。在瑶族看来，凡是没有经过度戒仪式的瑶族男子，也容易成为不稳定、不安全的因素。除婚姻的禁止外，没有度戒的瑶族男子在社会地位上也有限制，如不能担任社会公职，甚至连出席集体活动的资格都没有，死后也不能享受子孙后裔的香火。因此，一名瑶族男子不管家境怎样都会在成年之际进行度戒。

度戒分为家度和村度两种形式。家度规模小、范围有限；而村度则是瑶寨中成年男子的集体盛会，参与者众多，规模巨大，受关注程度高，具有很强的族群教育意义。村度的时间往往选择在秋收后，地点则在村内公共场所。度戒的教育意义从筹备阶段就开始了。瑶族男子在度戒前要“斋戒”49 天，斋戒期间的瑶族男子被称为“师男”，师男要向自己的师公和道公学习经文和做人的道理，而师公和道公都是瑶族的文化人，是传统文化的持有者和传播者，他们会力所能及地按照自己的师傅传授的经书和知识悉心细心指导师男。在“斋戒”期间，师男在师公和道公的指导下，自己动手抄写一遍有关的经书和文书。如果师男不识汉字，师公和道公就用瑶语教师男念，使师念也有个大概的记忆。除了抄写经书和文书外，师公和道公还要传授师男一些社会知识，如生产知识、做人道理、伦理道德和社会规范。师公和道公传授的这些知识都是瑶族千百年来的生存智慧，对一个未成年男子融入瑶族社会是十分重要的。通过“斋戒”期间师公和道公（又称“度戒师傅”）的指导，师男和自己的度戒师傅建立了深厚的感情，视之为再生父母，会对度戒师傅一家终身感恩。这有利于瑶族社会尊老敬老社会风尚的形成。度戒仪式花费巨大，一般的家庭很难独自承担，往往要做 2~3 年的物质准备。这时，师男的亲戚、邻居和好友都会主动帮忙，有力出力、有钱出钱、有物出物。度戒对于一个瑶族男子及其家庭来说是一生中的重要事情，亲戚朋友和邻居也会不计报酬地尽力去帮助。帮助的过程也是一种集体主义的教育过程。在帮助过程中，人与人建立了良好的合作关系，易形成一种互帮互助的协助关系，以此凝聚整个族群的力量，共同与社会、与自然做斗争，从而求得本族群的生存与发展。这也是瑶族之所以能够历经时空的磨洗而存活下来的法宝之一。

度戒的时间长度一般为家度 7 天、村度 15 天。度戒仪式对外族人是封闭的，是不允许外族人观看的，否则就会觉得不灵。度戒仪式对瑶族是开放的，也非常欢迎周边瑶族前来观看和做客。有周边的瑶族过来做客，师男的家庭会觉得很是有面子。通过这种交流，十二姓瑶人的感情得以进一步升华。度戒仪式的核心是挂灯笼仪式。其原因主要有二：一是相传挂灯笼的多少决定了一个师男所具有的兵马的多少，而这是影响和决定他在多大程度上能为瑶族群众祈福祛魅的身份标志；二是在挂灯过程中，度戒师傅要向师男宣讲瑶族的“十戒”。这“十戒”的内容均与伦理道德有关，涉及尊老爱老、爱护儿童、戒淫戒赌戒盗、合作互助等方面，是调节人与人、人与社会之间稳定和谐的准则，对维持瑶族社会的稳定非常有意义。度戒仪式的标志性仪式是在村寨、公众场所举行的“上刀山”和“下火海”仪式。这两个仪式带有一定的展演性质，却又十分重要。“上刀山”之刀梯锋利无比，呈十字形捆绑，有 12 级阶梯，这对师男的身体和心理是一个极大的考验与挑战。“上刀山”之前，师男的度戒师傅要当着全体瑶民的面问师男一些问题，内容涉及本族群社会规范和伦理道德，每上一级刀梯度戒师傅问一个问题，师男则要毫不含糊地回答，回答的声音要让全体瑶民听得清楚。师男上完 12 级刀梯就回答了 12 个问题，其实每一次回答都是一次宣誓，是一次当着全体乡亲父老的宣誓，这宣誓当中蕴含着对瑶族族群的归宿与认同以及永不变心的决心。瑶族之所以能在历史上躲过一个又一个的劫难，靠的就是这种超强的族群认同和族群归属感。这种族群认同和族群归属感源自度戒仪式，甚至与度戒仪式繁琐复杂的规范程序有着一定的内在联系。

还盘王愿与漂洋过海传说有关联。据传，十二姓瑶族被逼出逃千家峒后，在逃逸途中遇到了“大海”，渡海时碰上大风大浪，七天七夜到不了岸，十二姓瑶族随时都有可能全族沉没。这时，盘王托梦给瑶民，祭拜先祖即可渡海。全体瑶民朝着先祖的方向许愿，大海果然风平浪静了，瑶族也最终得以保全。瑶民把渡海脱险归功于盘王。此后，每当瑶族遭遇厄运、面临苦难时，如自然灾害频繁发生、农业歉收、牲畜疫病、家人疾病缠身久治不愈的时候，就会想到祭祀盘王。在他们看来，这一切苦难的根源都是因为忽视了盘王、怠慢了盘王，要想人丁兴旺、六畜平安、农业丰收还得靠盘王的护佑，因此他们就会祭祀盘王、还盘王愿。就还盘王愿的规模来说，有小愿、中愿和大愿三种。小愿即家愿，是各家各户根据自己的家庭情况进行简单还愿。中愿是几个家庭联合起来还愿，既可以在家中还愿也可以在庙中还愿。还中愿时，瑶民还需要请歌娘唱几段“盘王歌”。大愿指的是整村或几个村联合起来还愿，地点在庙中。还大愿间隔时间比较长，一般都要好几年甚至是12年乃至更长时间才还一次。还大愿会成为整个村或附近几个村的大事，由于参与者众多，比过年还热闹。还大愿的时候，瑶民不仅要念众多的经书，还要请许多歌娘唱《盘王大歌》，跳长鼓舞。

《盘王大歌》就其本质来说就是祭祀盘王时唱的歌谣，最初的形态是口述史，是瑶族文化人在祭祀先祖仪式上的唱文。后来经过历代瑶族文化人的不断改写和重新创作，《盘王大歌》成了百科全书似的瑶族传统文化经典。与所有民族史诗一样，《盘王大歌》的作者也是模糊的，是瑶族群众在历史时空中集体创作的产物。瑶族在缅怀祖先丰功伟绩的时候，还要向先祖倾诉一年来或几年来的生产生活情况以及生活中遇到的重大变故。从民族史的纵向维度看，《盘王大歌》具有记载本民族起源、发展变迁的功能；从民族史的横向维度看，《盘王大歌》起着总结本族群生存性智慧的作用。我们现在所看到的《盘王大歌》文本是当代文化人通过田野调查、收集整理成的。《盘王大歌》有24段本、36段本。24段本的《盘王大歌》主题比较微观，主要以歌唱的形式总结日常生活经验，类似于瑶族生存性智慧的总结；36段本的《盘王大歌》主要是记忆诸如民族起源、宇宙起源、人类起源等人类本体论的问题。

还盘王愿仪式上瑶民还要跳长鼓舞。在历史上，对于瑶族来说，长鼓是神圣的祭祀器具，等同于盘王神像，具有不可亵渎性。瑶民平时都是把长鼓供奉在神龛上，与瑶族的先祖一起接受后裔子孙的香火供奉。祭祀时需要跳长鼓舞的时候，民间艺人是怀着神圣纯洁的心情，烧香化纸后，“请”长鼓下来。取下长鼓后，民间艺人要在神龛前献舞一曲。祭祀完毕，民间艺人又重新把长鼓“请”上神龛。长鼓舞有单人舞、双人舞、四人舞、八人舞以及集体舞等。其中，双人舞最为普遍。长鼓舞是瑶族在狩猎过程中，模仿野生动物的姿势所发明的一种舞蹈。长鼓发出的声音高亢、悠扬厚重。长鼓舞的动作特点是屈膝、稳健、有力，动作以两膝弯曲为主，再现了瑶族人民在山坡上的生产生活情境。

由此可见，还盘王愿时所唱的《盘王大歌》既是瑶族千百年来生产生活知识的智慧性总结，也是他们文化精华的结晶，还是瑶族的百科全书。长鼓舞是源于生活、高于生活的民间艺术，是瑶族文化的标志性象征和文化符号，是凝聚世界各地瑶族的精神文化纽带。在神圣的祭祀场合，由本民族艺人以本民族的语言传唱本民族的文化精华，由本民族艺人怀着崇敬的心情，庄严地表演本民族的歌舞，一方面是在为祭祀增添隆重热烈的气氛；另一方面是使全体参与者接受一次群体性文化的洗礼，使他们在耳濡目染本民族优秀传统文化的同时接受到传统知识、传统道德礼仪教育，从而在获取本民族历史文化、生存性智慧的同时，增强本民族的认同感和凝聚力，以此增强本民族的发展原动力。

第二节　伍堡瑶的社会教育

一、以农业知识训练为主的家庭教育

伍堡瑶的主体是从千家峒迁徙来的十二姓瑶族。但十二姓瑶族也不是从一地、在一时迁来的，有的直接迁自千家峒，有的则是从姑婆山上迁下来的，后来才凑齐十二姓瑶人。除十二姓瑶人外，上伍堡还有客家人和民家人。伍堡瑶的来源是多元的，文化背景也是多样的。为了整合内部的称呼，他们以居住地为名自称为“伍堡瑶”。这看似是一个简单的称呼，却把这些来源不一、身份复杂的族群整合在一起，使得他们有了共同的归属感，建构了“家”一般的族群，并使得这些多元的族群形成了一个整体。这对他们生存和发展十分有利。族群的属性在于其文化性，上伍堡瑶族被外界称为伍堡瑶，原因在于其在文化上出现了与其始居地不一样的特点。本节将在田野调查的基础上，对伍堡瑶传统的非正式化的教育进行分析。

家庭教育仍旧是伍堡瑶最重要的传统教育。与盘瑶相比，伍堡瑶的家庭教育发生了些许微妙的变化。

一是家庭结构发生了变化。盘瑶受地理环境和传统文化的影响没有重男轻女的习俗，每对夫妻不管是生男孩还是生女孩，普遍都生两个子女。由于其不断的迁徙，盘瑶分家的情形并不普遍，一般以联合家庭为主。我们在江华县两岔河盘瑶社区调查时，发现这里的盘瑶家庭，哪怕是子女已经长大成人、结婚生子，但还是没有分家，而是与父母同吃同住。伍堡瑶由于已经定居，在生育上以多子多福为荣，开始出现了重男轻女的现象，甚至在一定程度上存在着“溺女”的现象。《盘氏族谱》“十戒”家规第四条为“戒溺女”。

在我们调查的家庭中，凡是40岁以上的夫妻至少都生三个子女，其中一定要生一个儿子。在60岁以上的老年人中，生四五个孩子的较为普遍，而70岁以上的老人中，生七八个甚至更多孩子的也不在少数。过去，伍堡瑶人结婚早，十五六岁的时候，举办个婚礼仪式，就算结婚了。妇女的生育期很长，从十八九岁开始生育直至50岁左右，有20~30年的生育期。因此，在伍堡瑶村寨，小儿子跟大孙子同龄的情况较为普遍，甚至儿子比孙子小的情况都有。平岗宿下任村有一位75岁的老人，看起来精神很好，还能够耕田。他说，他16岁就结婚了，18岁生育了一个儿子，总共生育了7个子女，最大的跟最小的相差了30岁。

在家庭结构上，伍堡瑶流行核心家庭。子女成年后，一旦结婚就开始完全独立。一般来说，子女婚后与父母同吃的缓冲期不超过一年，之后子女便与父母分家，另立家庭。伍堡瑶的分家不一定意味着要搬出去居住，他们所谓的分家其实就是分开吃，即另立炉灶。按照当地人的说法，“一个鼎锅吃饭”的就算一家。田地按照户口均分，分家的子女不必搬出去居住。一个200平方米的老祖屋里居住五六户甚至十来户、几十人，这在过去是较为普遍的事。1949年以前，老车村总共只有三座老屋，但人口却有120人，每座老屋平均居住着40人。

二是生计模式发生了变化。伍堡瑶定居在姑婆山脚下的上伍堡后，尽管背靠着深山老林，拥有广袤的森林和山场，也在山场上种树、垦荒，经常狩猎，但这并不是其主要的生计模式。在伍堡瑶没到来之前，上伍堡原有居民就已经开垦出部分水田和旱地。伍堡瑶到来后通过垦荒，拥有了大片的良田，过上了农耕的生活，完成了由游耕到农耕的转变。

家庭结构与生计模式的变化使得伍堡瑶的家庭教育方式悄然发生了改变，过去由祖父母教育孩子的模式转变为以年轻的父母教育孩子的模式为主。年轻的父母由于阅历不深，对整个家族和族群的历史知之不多，他们教育孩子的内容就以生计训练为主，其中又以农业知识训练为重点。伍堡瑶在定居上伍堡后，主要农作物有水稻、小麦，旱地作物则有玉米、红薯等，这些农作物的栽培技术与经验就成了伍堡瑶家庭教育的重点。由于有广袤的山场可供开荒、耕种和植树，因此耕山技术也成了家庭教育的内容。加上深山老林丰富的动植物资源可以作为伍堡瑶食物的重要补充，因此学习狩猎和采集知识、区分可食用植物与药用植物、习得狩猎知识也自然成为家庭教育内容的有机组成部分。

二、融土地固守为核心的族谱教育

族谱教育也是家庭教育的重要内容。17 户人家到达上伍堡后，各户户长大都是初步接受了汉文化教育的地方文化精英。在生活稳定下来后，他们都着力自己教育子孙后代，使得后裔具有一定的识汉文、写汉字的能力，这为各户开始编纂家谱打下了基础。各户家谱的起点一般都是追溯到 17 户始祖。17 户人家在上伍堡的发展有好有坏，有的户不断发展壮大，有的户却人丁不旺，最后到了卖田卖地出走的程度。各户都根据自己这一脉的家族情况书写历史，撰写族谱。各户在撰写族谱的过程中往往都根据本户的实际情况增加一些历史上发生的重大事件，有的户把居住的范围详细地以图文的形式标注在族谱中。例如，撰写于清康熙五十三年（1714 年）的唐永仂户族谱《永世宗枝——来历史考》开篇就是一幅唐永仂的管业图“景泰三年造册各户原额来历地名地界图”。图中详细绘制了明景泰三年（1452 年）伍堡瑶三头户入籍造黄册时三头户之一的唐永仂户所管辖的山场和土地。土地交易在明中叶就发生了，为了防止后代的不法分子强行霸占先祖的财产，族谱撰写者往往要把这些土地交易的契约内容抄写到族谱中，以便为后人留下凭据。民国二十四年（1935 年）《胡氏族谱》中，就记录了三个契约和一个“山业界线”说明。三个契约分别写成于清嘉庆十八年（1813 年）、清咸丰六年（1856 年）、清光绪八年（1822 年）。在定居几代人之后，17 户人家的贫富差距开始显现，家道的兴旺与衰落与持家理念有着直接的关系，因此各族谱撰写者都非常重视从先祖的奋斗史中总结经验和教训，并把这些经验和教训写成族规供后人学习，以之作为为人处世的规矩。例如，民国二十七年（1938 年）盘氏后裔撰写的《盘氏族谱》里面就有十条家训：敦孝悌、敬尊长、笃宗族、睦邻里、行善事、正婚姻、肃闺门、审交游、明礼让、崇勤俭。除去十条家训外，这本族谱中还记载了一些家规：戒渎伦、戒忤逆、戒鬻婴、戒溺女、戒游懒、戒烟赌、戒淫恶、戒争讼、戒侵蚀。

这些家规、家训的目的是维持世道人心，使贤者良，愚者善，从而更好地与国法相辅而行，以此增强家族的认同感和持续发展动力，进而确保家族的发展。因此，这些族谱上的家规、家训自然成为伍堡瑶家庭教育的主要内容。

除重视家族史的教育外，伍堡瑶还重视族群史的教育。伍堡瑶在明景泰三年（1452 年）入黄册后，每隔十年就要造一次黄册，另造黄册的内容主要是田地山场的变更情况、税收的承担情况。因此，伍堡瑶的社会教育内容多了一个黄册的教育内容。黄册的教育内容主要有两个方面：一方面是《上伍堡三宿总册底引》里面的内容。其主要内容是介绍了上伍堡的来源、纳粮免役入籍、镇守三条九隘以及各宿的辖地划分。其类似于上伍堡的“宪法”是三宿乃至各户都必须遵守的准则，自然也是每一宿甚至每一户都必须知晓的。另一方面是各户的粮册。在入籍的时候，三宿每一个宿都依据居住地域和守卫的隘口划分了区域。正如民间谚语所言：“上伍堡三宿九隘九源，各守各的隘，各守各的源。”这些划定的区域都写进了各自的粮册里面。在定居之后，上伍堡的伍堡瑶享有纳税而不服役的特殊待遇，地方政府只是依据各宿的田亩总数确定纳税总额，具体各户和家庭纳多少则由各自的宿来确定。起初各户的户长也是根据各户开垦荒地的多少和实际荒地的面积来确定各户的税收。明中叶以后，伍堡瑶内部出现了明显的贫富分化，土地交易频繁发生。按照“税随地转”的原则，各宿就要对这些交易的土地进行重新登记，确保税收不流失。按照传统习俗，每十年重新造黄册一次，造黄册之后的内容便需要各户知晓，以减少矛盾。

三、重新书写了的历史文化教育

与过山瑶的族源来自远古时期传说中的英雄不同的是，伍堡瑶的族源是那些可以历数出来的先祖。伍堡瑶不约而同地把自己的先祖确定为上伍堡的第一批居住者——17户瑶族，对之前的始祖和族群历史则采取了有意淡化的态度。在伍堡瑶的历史传说中，除了与迁徙到上伍堡密切相关的千家峒传说有完整的记录外，其他传说基本上都被遗忘了。在伍堡瑶的口头传说中，千家峒传说由韵文歌唱的形式转化为散文笔记类型的《千家峒源流记》。《千家峒源流记》与千家峒传说的主要内容是相似的，都是叙述元大德年间瑶族历史上那场由于旱灾造成歉收而引发的民族悲剧。伍堡瑶的主体族群在追溯自己的族源时，都是追溯到千家峒，由于千家峒与伍堡瑶的族源和迁徙路线紧密地联系在一起，因此得了历史的传承。盘瑶其他的历史文化传说则基本上被伍堡瑶淡忘了。除千家峒传说外，在上伍堡流传最广的要数仁王传说了。仁王在上伍堡一带不是作为始祖神出现的，而是一位地方保护神出现的，是随着17户人家的定居才出现的保护神。仁王的故事在上伍堡一带可谓老幼皆知，人人都知道上伍堡有个大庙，庙里供奉的是仁王，也知道每年农历的六月初六、十月初十六是祭祀仁王的节日。由于前面章节中已经对仁王的来源进行过叙述和分析，本书在此不再赘述。上伍堡一带除信仰仁王以外，还崇拜一位名叫“奉仙娘娘”的女性神。奉仙娘娘不仅有名有姓，还有出生地和具体的生辰时间。在上伍堡民间流传的奉仙娘娘，原名奉六姑，上伍堡旦久宿旦久村人，出生于清康熙年间。相传奉六姑18岁那年在外婆家上山采集葛藤时被毒蛇咬死，后来在源口双石庙成仙。奉仙娘娘为何会受到上伍堡民众的崇拜呢？按照当地传说的说法，奉仙娘娘护佑赐福了一方百姓，有一颗为百姓祈福的善心。如民间流传的《仙姑书》[①] 所记：“一年四季为人民，求财就把财送到，求雨就把雨来临，大雨落时点点到，救得禾苗有十分。”除具有给百姓降雨的功能外，奉仙娘娘还扮演了治病救人和送子观音的形象。上伍堡民间流传，村民久病在床或婚后不孕不育，只要到双石庙中向奉仙娘娘祈祷，病者便会逐步康复，不孕者也会孕育生命。与仁王相比，奉仙娘娘除了不具有安良除暴、保一方平安的功能外，在旱季降雨保农业丰收、为村民纳福保健康方面是一致的。此外，由于是女性神，奉仙娘娘还具有送子的功能，这十分符合上伍堡地广人稀的情形和瑶民的心里期待。因此，奉仙娘娘信仰的产生与仁王信仰一样也是17户人家定居上伍堡，生计模式实现了

① 奉兴朝老人撰写的《伍堡志》里收集整理了《仙姑书》。

从游耕到农耕的转变后，瑶民由于生产技术落后、人丁不旺，并借助想象，根据自己的需要而创造出来的一个地方保护神，也是瑶民征服自然、获取能量的一种方式，与当时的生产力发展水平是相适应的。

当被问及伍堡瑶历史上的“法律”时，老人们都会不自觉地提及财塘大岗上的那块禁碑。据老人们介绍，那块碑是在明朝末年经过一个叫郑侯的人许可后竖立的。郑侯是何许人？上伍堡民间文献对此没有记录。我们可以把他当成明末清初的一位官员，一位在上伍堡瑶族聚居区推行过教化的官员。据笔者考证，郑侯应该是清雍正年间的江华知县郑鼎勳。清雍正七年（1729 年）的《江华县志》之“瑶岗”中谈到伍堡瑶时说：“近来，其人恃富而狡诈，喜讼好斗，自邑侯郑公临之，始知畏威怀德。”① 伍堡瑶民间文献《上伍堡三宿总册底引》里面也是提到遵从郑侯的劝谕在平岗宿的大岗上竖立石碑。据《江华县志》介绍，郑鼎勳字元伯，生卒年不详，在清雍正七年（1729 年）编修了《江华县志》。郑鼎勳体察民情，力主在瑶族聚居区推行教化，到过伍堡瑶区。在他编修的《江华县志》中收了两首由他自己写的以上伍堡为题材的诗歌，摘录如下：

四月初七日又自新田旋县至上伍堡

熟路轻车惯往来，瑶乡又喜歼渠魁②。

风光朴朴浑闲事，夜犬无声实快哉。

上伍堡赏瑶（九月九日）

九溪遗种逋征瑶，自织文身杂有苗。

禹甸田工无则赋，舜庭干羽有箾韶。

---

① 郑鼎勳编修《江华县志》，清雍正七年（1729 年）刻本。

② 《江华县志》注释为“上伍堡杀贼安境”。

其期忠孝酬皇泽，莫背抚循作小宵。

声教于今称独盛，南人谁复敢言骄?①

伍堡瑶定居上伍堡的一个主要职责是守卫伍堡之境与两广地区相接的九个隘口。隘口外是八排瑶、广西八都瑶、罗溪罗旧瑶以及苗族。清雍正七年（1729 年）伍堡瑶在境内击退了对他们的生活进行骚扰掠夺的“贼”，作为父母官的郑鼎勳知道此事后十分欣慰，便写下了这首诗歌。

据《江华县志》中的记载，早在明隆庆年间，伍堡瑶就随着官兵一起打败了遭遇流寇抢劫的锦田所。

隆庆年间，有流寇来劫锦田，势甚猖獗，众相率官兵攻败敌散，幸解一十八寨之围，由此每年县给酒花红犒之②。

听从官府和千户长的调遣是伍堡瑶取得在上伍堡定居资格的条件之一。维护地区的稳定是他们理所当然的职责，自明代开始就一直没有改变过。郑鼎勳写下了《上伍堡赏瑶》，表明对伍堡瑶进行赏赐的原因也是由于伍堡瑶接受了汉文化的“声教”，以“忠孝酬皇恩”。

郑侯允许竖立的碑在 20 世纪 50 年代被抬走了，此后再也没有找到过。有的人猜测可能是在石灰窑里，用于建石灰窑了。由于此碑无法找到，因此其内容自然也无法得知。据老人们回忆，其内容主要是些禁约，用来约束全体瑶民。

如果说瑶族的度戒仪式是面向全体瑶族男子，具有普适性意义，那么属于伍堡瑶的传度仪式的范围则缩小了很多。其主要面向初识汉字并具有一定经济条件的瑶族“师男”。因此，可以说，传度仪式是瑶族精英阶层

① 郑鼎勳编修《江华县志》，清雍正七年（1729 年）刻本。
② 郑鼎勳编修《江华县志》，清雍正七年（1729 年）刻本。

的一个仪式。瑶族的传统社会是一个老人管理的社会，老人尤其是受过汉文化教育的老人往往被称为智者，经常兼任瑶族的自然领袖（瑶老）。师男为了取得为普通百姓祛魅解厄、祈福纳祥以及主持各种法事的权利，就必须通过传度仪式。之后，师男的社会地位才会发生转变，在获得主持各种宗教仪式的权利的同时，身份也就提升为师公。师公是一个特殊的群体，他们是沟通圣界与俗界的媒介。除宗教职业者的身份外，师公还往往是瑶族村寨的首领和教育者。17 户人家到达上伍堡居住之时，三头户唐养仂、奉子仂、李东仂都是粗通文墨之人，他们凭借自己的汉文功底不仅获得了头户长的地位，还是祭祀神庙的神长以及私塾的老师。

伍堡瑶的主体是从千家峒逃离出来的十二姓瑶人，除去面向全体伍堡瑶精英的传度仪式外，十二姓瑶人内部还有一个“朝踏祖先”仪式。有的学者称之为“还盘王愿”的“改头换面”仪式，此提法是否正确不在本书所讨论的范围，本书所关注的是“朝踏祖先”仪式对伍堡瑶起到的社会化教育作用。据老人们回忆，“朝踏祖先”仪式是由十二姓瑶人轮流主持的，每一姓主持一年，这样每一姓就十二年轮一回，因此该仪式也叫“十二年朝踏祖先仪式”。十二姓瑶人到达上伍堡的时候也是分期分批从不同的地方迁徙过来的。这样就造成了十二姓瑶人在上伍堡的分布不均、实力不一。除了奉、唐、李三姓瑶人分布广泛具有较强的经济实力外，其他姓氏的瑶人普遍都势单力薄，在上伍堡也是过着如履薄冰的生活，随时都有离开上伍堡重返深山老林从事游耕的可能。其中，包姓和沈姓在清中末期不知为何搬离了上伍堡。现在的上伍堡只有十姓千家峒瑶人。因此，这些瑶族支系由于人口少、经济基础差，很难承担“朝踏祖先”仪式所需要的大量人力、物力和财力，于是“朝踏祖先”仪式也只是在奉、唐、李三姓中举行过。据奉兴朝老人回忆，最近一次“朝踏祖先”仪式的举行还是在1949年以前，那时他只有十几岁还是个孩子。奉兴朝老人告诉笔者，“朝踏祖先”仪式是在奉姓祠堂里进行的，十二姓瑶人除包姓和沈姓外，都请到了，也都派来了代表，其他的非十二姓瑶人之外的姓氏一个也没有请。“朝踏祖先”仪式对十二姓瑶人的教育主要体现在仪式过程中的场景布置以及仪式的经书上。仪式现场悬挂着许多从千家峒带来的大禾糯，祭台上陈放着象征着千家峒十二姓瑶人的牛角和千家峒大谷种。祭台上点燃着象征十二姓瑶人的十二盏油灯。仪式上所用的经书虽然已经道教化了，属于系统化的道教经书，但在整个仪式过程中，瑶人经常要回顾祖先历史，回忆祖先走过的坎坷人生和十二姓瑶人的艰难迁徙史。甚至在追溯祖先来源时瑶人要说“湘乡话”，以此显示不忘始祖的忠心。此外，瑶人还要跳舞。1954年，湖南省民委的民族识别组在伍堡瑶族调查时，专门收集到了“朝踏祖先”仪式的资料。昏暗的油灯，悲鸣的乐器，师公低沉的声音加上忽明忽暗闪烁的灯光，目睹着这些从千家峒带出来的大禾糯以及牛角，仪式参与者就会自觉浮现出十二姓瑶人共同生活在千家峒的情景。童年时期听老人反复传颂的悲凉的远古传说在此情此景下得以鲜活再现，这足以让参加仪式的十二姓瑶人感叹不已，从而更加珍惜十二姓瑶人的手足情谊，更加团结，更加强烈地认可整个族群，使之成为一个坚不可摧的整体。

第三节　伍堡瑶的学校教育

伍堡瑶离开深山老林，定居平地，过上以农耕为主的稳定生活后，因其族群内部固守着自己的传统文化，故外部族群仍旧称呼他们为“瑶”。

为了真正把伍堡瑶纳入封建王朝统治范围之内，给封建王朝在南岭走廊的统治奠定基础，除思想控制、土地恩赐、武装威胁、政治组织延伸外，封建王朝采取的就是进行文化教化，即用儒家的伦理道德规范束缚伍堡瑶的行为。本节，我们就伍堡瑶学校教育演变的轨迹进行梳理和讨论，并力求揭示出伍堡瑶形成的文化因素。

一、伍堡瑶学校教育发生的背景

定居耕种为伍堡瑶的学校教育发展奠定了客观条件。作为一个居无定所、不断在大山深处迁徙且随山散居的民族，推行集中的汉化教育是不现实的。开展学校教育需要一个固定的场地。如果建一个校舍，没用两年就因为迁徙而荒芜的话，将是个巨大的浪费。伍堡瑶实现定居后，姑婆山北麓这一片广袤而又肥沃的土地因其阳光充足、水利方便、雨量丰沛尤其适宜开展农业生产。如果发生意外的话，伍堡瑶可以借助姑婆山继续从事传统的游耕农业。

盘瑶居住分散，三五户就构成一个居民点，每对夫妻不管生男孩还是生女孩，一般都生两个子女，出生率比较低，人口比较少。一个人口稀少的社区开展学校教育是困难重重的，因为成本过高。与盘瑶不同的是，伍堡瑶定居后，由于地广人稀，出于安全考虑，定居之始以抱团居住为主。之后又有其他姓氏的瑶人从山上或外地试探性地与17户人家住在一起，才形成明中叶的44户人家。尽管此后44户人家按照人口数量、占地面积分为三宿，每宿大约15户人家，但宿与宿之间的直线距离不超过2 000米，有不测之事只要铜锣一响便可迅速集中。清道光年间的《永州府志》之“江华舆图西境图”里记载的上伍堡还只是一个定居点。上伍堡三宿不仅每一宿，每一个纳税户甚至每一个生产户都拥有了自己的土地，可谓是实现了“耕者有其田”。伍堡瑶居住集中，加上有充足的土地可以生产更多的粮食以之维系人口的增长。在生产力不发达的情况下，获取能量必须依靠人力的投入，劳动力的需求使得伍堡瑶与盘瑶选择了一种不同的人口控制模式，伍堡瑶没有像盘瑶那样有意控制人口的增长，而是鼓励多生。那时医疗水平有限，儿童的成长率低，只有那些身体素质好的儿童才能长大成劳动力，因此多生育也是对当时生态环境的一种适应。人口增长了，尤其是学龄儿童人口增加了，为伍堡瑶的学校教育提供了人口方面的条件。

伍堡瑶与民家人有一种亲近感。首批到达上伍堡的17户人家当中就有民家人蒋子仂。17户人家定居上伍堡之时是一批游民，既没有合法的身份也没有土地。他们也是在民家人蒋复春的积极争取下才被地方官府允许在上伍堡垦荒的，进而被允许入籍，取得合法身份的。与他们一同居住在上伍堡的部分客家人和民家人在与十二姓瑶人的交往与文化互动中放弃了原来的身份，一起成为瑶民。正是这种融洽的瑶汉关系，使得以十二姓瑶人为主的伍堡瑶对汉文化有着欣赏和羡慕，这在一定促进了汉文化教育在上伍堡的发展。

在瑶族历史上，由于受历代封建王朝统治阶级的压迫，瑶族避居于生存条件恶劣的深山老林里，加上迁徙不定的游耕生活，宋代以前的瑶族聚居区几乎没有正规的学校教育。瑶族历史久远，民族文化底蕴深厚，其之所以能够克服和战胜一个又一个天灾人祸，靠的也是其坚韧的民族文化和包容的心态，但其主要还是依靠口耳相传来传承民族文化，传递生存性智慧。在宋代，瑶人已经作为一个独立的民族登上了中国历史的舞台，其分布地区地处中原通往岭南和西南的要冲，占有极其重要的战略地位。加之瑶民的势力相当强大，起义斗争连绵不断。由于瑶民的反抗激烈，宋朝统治阶级不得不对瑶族采取剿抚兼施的民族政策。“以瑶制瑶”政策就是这种背景下的产物。这些政策的实行在一定程度上缓和了官府和瑶族之间的矛盾，原本是有利于瑶汉融合与互动的，但瑶族聚居区的学校教育始终未见踪影。其原因就在于，宋朝统治者一方面加强对瑶族的笼络和控制，但这种控制主要是针对瑶族头领层面的；另一方面打破原有的瑶汉混居的和谐民族关系，阻挠瑶汉之间的正常交往，人为地破坏瑶汉的融洽关系。湖南娄底新化之梅山十峒也是瑶族历史上一个具有重要意义的定居点。瑶族的许多经书都反复提到梅山十峒，如在记载瑶族在元大德年间从千家峒逃亡的《千家峒流源记》中有这样一段话：

一齐到石岩石，打起长候（号）、箫、笛，打起大锣，振起铃，唱起梅山十峒，叫起六平王、九姓尊主、盘古大帝。

北宋太平兴国二年（977年），宋朝将领平定瑶族于梅山十峒后，宋朝规定：“自是禁不得与汉民交通，其地不得耕牧。”宋朝对文化人禁止进入瑶族聚居区的限制更严。

由于宋统治者的隔离瑶汉交往的政策，尤其是禁止汉族知识分子进入瑶族聚居区的做法，使得瑶族聚居区的学校教育仍然没有发展，瑶族的文化以民间的方式存活于田野，民间生产生活知识与经验的传授主要是通过传统的家庭教育、社会教育来进行。

瑶族真正的学校教育出现的标志是“社学”的开办。元朝建立以后，为了控制基层，对地方政治制度进行改革，推行“社制”，每50家为一社。元朝尽管国祚短暂，但在教育上实行了与宋朝不同的政策。元朝在瑶族地区办府州县学，鼓励瑶族子弟入学，并在每社开办一所学校。元朝开始设立的社学在瑶族地区并没有得到有效普及，这是由当时的民族矛盾所决定的。元朝执行歧视性的民族政策，分布在西南各省的瑶族属于地位最低下的“南人”。这种民族政策使得元朝与瑶族的民族关系极为紧张，瑶族历史记忆中最大的灾难就是发生在元大德年间的那场被迫逃离千家峒的运动，逃离千家峒成了瑶族心灵上永恒的痛。以17户人家为主的伍堡瑶在元朝时期还没有迁徙到上伍堡，但这不影响山上的瑶族与元朝之间的激烈矛盾与冲突。《元史·顺帝本纪一》记载：“立道州永明县白面圩，江华县涛圩巡检司各一，以镇遏瑶贼。”涛圩巡检司就在上伍堡范围之内，由此可见，上伍堡的民族矛盾是极其尖锐的。由于瑶族与元朝统治阶级之间敏感的民族关系，元朝在各地推行的社学制度，自然在瑶区得不到贯彻与执行。

对于明朝统治者来说，他们对伍堡瑶积极发展学校教育是大力鼓励的。上伍堡的地理位置特殊，南守两广之通道，北扼县城之便利，是岭南岭北的分界线，远离政治经济中心，属于封建王朝的绝对边缘。加上有雄峻的姑婆山为屏障，瑶族四周与生瑶和苗族为邻，可退可进，一旦不服王化的话，将对地方官府带来严重的冲击。稳定这片边疆，最好的办法莫过于稳定上伍堡的族群，以文化教化，使之成为“民”则是最有效的手段。

二、伍堡瑶学校教育的类型

（一）冬学教育

明初，朱元璋实行相对缓和的民族政策，在教育上的体现就是在瑶族聚居区采取“兴教化，立学校”的措施，在府、州、县设立“学校”，在乡村建立“社学”。《永州府志》中记载：“洪武初，诏天下府、州、县立学校，设科分教，诏有师立社学，延师儒教民间子弟。”这些积极的政策对汉族文化及学校教育在瑶区的推行具有一定的意义。元代官府给瑶族人民留下了凄惨的记忆，明代官府留给瑶族尤其是以17户人家为主的伍堡瑶的记忆就好多了。在明代，上伍堡的伍堡瑶实现了定居，结束了长期以来的颠沛流离的迁徙史，拥有了土地、山场，找到了瑶族历史上的另一个“千家峒”。对此，伍堡瑶在心存感激的同时，也格外珍惜。伍堡瑶具体的体现就是经济上踊跃入籍纳税；政治上接受地方官府的领导，遵守官府制定的秩序；文化上主动融合，在调适原有文化的同时，以兴办学校教育的方式吸收汉族文化。伍堡瑶在明景泰二年（1451年）修建盘王庙后，便开始商量开办学校。上伍堡的学校教育先后经历了冬学教育、私塾教育和书院教育三个阶段。牛路村李克勇撰写的《盘王青史》是这样记载冬学的：

明景泰六年（1451年）三个千户长召集在唐养仂家开会，商量办私塾的措施，每宿试办一个村塾。一个村塾安排15名学生入学。44户每户有一名学生念书。老师为三头领。从十月初一开学，读到第二年春耕大忙止（农历四月初）约为八个月。农忙季节小孩带小孩，有利于生产。这个村塾又叫冬学。每个学生供给老师100斤铜禾，油、盐各一斤，米一斗。每个学生招待老师吃一天，过节时给老师送糍粑，家有远方客人，请老师陪坐上位。

冬学办了十年，共培养了420名学生、15名优秀教师。县政府奖励了三头领白银十两五钱。

李克勇的记载，明显是一种对古人材料的改写，带有他自己的理解，但他的材料源自其父亲摘录于上伍堡已经消失了的手抄本文献《上伍堡垦荒记》，基本事实还是可靠的，也符合上伍堡的实际。从这则材料来看，上伍堡三宿的学校教育始于村塾，实际上是每个宿办一所村塾。由于师资力量的缺乏只能从各纳税户选派一名学童代表来参加学习，由各宿的头户长亲自教学。由此可知，在村塾阶段，上伍堡瑶民的普通学童很少有机会参加学习、接受汉文化教育。各村塾都有名额限制，每一个村塾只招收 15 名学童，三宿累计招收 45 名学童，刚好 44 户户长各安排一名学童入学。除受指标限制外，学童还要有一定的经济基础，需要交纳 100 斤铜禾。因此，只有户长的孩子且局限于男孩才有机会参加学校教育。三宿的村塾更像是一所精英学校，着力于培养 44 户户长的接班人，以此巩固各户户长的位置，使 44 户得以在上伍堡这片土地上永存。就教学方式而言，上伍堡的村塾也有自己的特点，开学时间力求避开农忙时间，选择在冬季开学和春耕之前教学。这样的话既可以不误农时，又可以发挥学童的力量帮家人照顾弟弟妹妹以释放大人的精力，使得成年劳动力更好地投入农业生产。

上伍堡三宿的村塾办了十年，其成果是十分显著的，累计培养了 420 名识汉字、懂汉文、能与周边族群和官府打交道的民族精英与地方利益的守护者。其中 15 人成为上伍堡三宿的老师。冬学在提高伍堡瑶文化素质的同时，为伍堡瑶培养了一批师资，为上伍堡学校教育的后继发展奠定了师资基础。

（二）私塾教育

上伍堡三宿私塾经过十年的发展，最大的成就是为伍堡瑶培养了一批本民族的文化精英，造就了一批本民族的师资，为伍堡瑶学校教育从精英教育走向大众教育和平民化教育打下了基础。作为上层建筑的学校教育总是受一定的经济基础决定并为其服务的。经过几十年的发展，上伍堡早已经不是瑶人刚来之时的荒凉，不仅经济初现繁荣、政治和谐安定，人口也由于不限制生育胎数，而得到较快增长。因此，上伍堡的学校教育打破精英化教育就成了必然。根据李克勇《盘王青史》的零星记录，我们可以知道，在村塾教育发展十年后，村塾教育改为私塾教育。私塾不再由三宿头户举办，而是转向由各纳税户自己联办，44 户纳税户如果每一户办一所的话，一是师资不足，二是学童不够，因此就选择联办，基本上是每三户联合办一所私塾，共有 15 所私塾。按照每所私塾每年招 15 人的话，每年就可招收 125 人，这无疑为普通家庭的孩子打开了接受汉文化教育的大门。联办私塾并不需要修建专门的校舍，其解决办法是借用千户长私人的厅堂。千户长既是伍堡瑶的领袖也是教学方面的老师，自然也愿意把私塾设在自己家里。从残留在民间的零星材料看，私塾的设置简单，能凸显其学校特色的就是墙壁上的孔子牌位——“大成至圣孔子先师之位”。孔子牌位左右两旁分别写上“三千弟子”“七十贤人”几个字。私塾所教授的内容，并不是瑶族传统的民族文化和生活经验。学童们所学的内容主要还是以儒家经典为主，启蒙阶段以学习《三字经》《百家姓》《五言诗》《千字文》《增广贤文》等通俗易懂、记诵方便的韵文为主。学童在学完这些韵文之后便开始研读四书五经等儒家为科考制度设置的经典。尽管学习完这些经典后可以参加科举考试，但上伍堡的私塾教育不以培养科举人才为目标。其目的是通过接受明王朝的儒家思想教化，提高伍堡瑶的文明程度，除获取与周边族群交往的语言文化技能外，最终的目的是摆脱“瑶族”的身份，得到官府和当地民家人的认可。

（三）书院教育

伍堡瑶具有特殊的区域地理环境和自成一体的瑶族特色以及极其复杂

敏感的族群关系，定居时间并不久远且没有中断过。在田野调查过程中，笔者曾预想这一带应该有丰富的民间文献和碑刻资料。因此，在调查伊始，笔者的目标是尽可能收集散落在民间的各种碑刻、文书、古文献等资料。笔者每到一个地方就去打听哪里有碑刻、谁家有古书等。然而，令笔者十分遗憾的是，上伍堡关于伍堡瑶的民间文献实在太少，没有像记载江永四大民瑶详细历史及族源的《扶灵瑶统计》，也没有丰富的石刻。尽管上伍堡上了年纪的人都说，过去有一本《上伍堡垦荒记》，但笔者费尽九牛二虎之力却也始终找不到。不过，有几位老人告诉笔者，上伍堡有块四方碑。老人们说的这块四方碑就是指矗立在现在的栖凤小学门口的那块三宿书院的碑刻。那块碑刻原来在凤尾村渡州寺，在 20 世纪 80 年代，本土文化精英、时任区委副书记的奉兴朝老人请人把它抬到了栖凤小学门口。现在这块碑刻孤零零地矗立在栖凤小学门口，任凭风吹雨打也岿然不动，每天在朝霞中注视着一群群天真活泼的孩子上学，又在余晖中欢送孩子回家。站在四方碑前，笔者的思绪不由自主地回到了三宿书院的历史。

三宿书院的建立标志着伍堡瑶学校教育高峰的到来。从明成化年间开办学校教育到三宿书院的建立。其中历经了 400 余年，其间上伍堡的伍堡瑶聚居区遭遇了许多社会动荡和社会转型。不管是封建王朝的更替还是社会的动荡都没有中止伍堡瑶的学校教育。虽然伍堡瑶的私塾不以培养科举人才为导向和目标，但进入清代康乾盛世以来，由于封建王朝的鼓励，康乾盛世时期的文治武功也影响到了伍堡瑶聚居区。清康熙年间的《永州府志》没有按照传统的分类，把瑶人纳入“南蛮”之列，而将瑶人称为“吾人”。除了重视在上伍堡大力推行学校教育外，康熙皇帝还准许伍堡瑶学童通过参加科举考试的方式获取功名。“康熙年间，湖南两广各地‘民瑶’与汉人无异，每当科试，瑶童得与考。所取瑶生，补与生监一体应试。”[①]“民瑶”也是伍堡瑶，湖南、广东、广西都是伍堡瑶的主要居住地。清康熙年间“民瑶”学童已经与汉人无异，得以平等参加科举考试，这足以见得伍堡瑶的发展程度已经接近于汉人了。据旦久宿一些老人回忆，洞尾村在民国时期立有进士的标志——桅杆和鼓石，过去出过一个进士。但是，老人们记不清是哪个朝代的了，连名字也记不起了。

三宿书院的建立跟一个叫奉有纬的清代进士有关。据《江华瑶族》介绍，奉有纬是旦久宿旦久村人，出生于清康熙年间，为清乾隆三十七年（1772 年）进士，被朝廷授予江西武宁县知县，但没有上任，而是选择在家乡发展教育事业，兴建书院，培养瑶族学童。奉有纬一生最大的功绩就是牵头修建了上伍堡的三宿书院，并为三宿瑶民培养了一批学生，其中不乏廪生、庠生等。据 1940 年的《李氏族谱》记载，李姓中，在清代有廪生、庠生 19 人，大部分是三宿书院的学生。

据现存的三宿书院碑文记载，三宿书院是由旦久宿旦久村的奉有纬向永州府的庞知府请命兴办的。三宿书院的修建也是一波三折，前后历时了 28 年。在三宿书院建造过程中，由于庞知府的调离加上司事者“耗蚀经费”，而一度被迫停建。后来，在三头户的努力下，三宿瑶民继续鼎力相助三宿书院的建设。在奉有纬的争取下，官府也拨出专款支持三宿书院建设。三宿书院遂于清乾隆四十年（1775 年）建成。三宿书院有大小房间 12 间，分为自修室、师长室、授课室、寝室，堂后设有孔子神位。三宿书院

① 瑶族简史编写组. 瑶族简史［M］. 北京：民族出版社，1983：103-104.

的经费来源主要有两个方面：一方面是部分热爱教育的富裕瑶民捐钱给三宿书院买了83亩学田，每年可以收获谷子，并由专人管理，供学生读书应试之用；另一方面是学生入学时需要向三宿书院送交一些油、盐、柴、米等生活物资以做补给。学生学习的内容同样也是以儒家经典为主，主要是四书五经以及诸子百家文集等。此外，学生还要学习吟诗作对，习读3~4年后，优秀者便可直接参加县邑秀才的考试。三宿书院也属于私塾系列，但与过去的私塾和村塾相比又有了很大的不同。一是规模扩大了，三宿书院具有12间房间，各个房间都有了自己的功能；二是办学质量提高了，不仅有专门的教师，还有管理人员。尽管三宿书院也属于民间办学的范畴，但与官方又有了千丝万缕的联系。清王朝为了“化瑶”，把“生瑶”变成“熟瑶”，然后以此为中介进一步实现“瑶”到“民”的身份转变，从而给予了民间办学性质的三宿书院一定的财力支持。加上三宿书院有了自己的学田，每年可以收到数量不少的谷租，维持书院的运转就有了保障，同时也减轻了瑶族学童的负担，为普通瑶族家庭提供了更多更好的读书机会。三宿书院建成当年就招收了45名瑶族学童，相当于整个三宿私塾招收的总和。三宿书院到底为伍堡瑶培养了多少学童，没有文献可以查到，但是按照每年招收45名的数额算，其培养的学童在数量上是相当可观的。仅奉有纬负责三宿书院期间就培养了学童120余名。这些接受了汉文化教育的学童在伍堡瑶的社会发展中无疑起到了积极作用。在谈及伍堡瑶教育时，清道光年间的《永州府志》的作者不吝赞叹口气：“伍堡瑶则多读书，能文之士，近年应童试者百余员，考列多高等。雍正壬子、乾隆丙午两科，先后中乡试额，实自来楚省瑶籍所未有。”

（四）现代学校制度的建立

戊戌变法后，清王朝在全国范围实行新学，三宿书院的历史使命也就结束了。民国三十年（1941 年），民国政府推行国民教育制度，实一保一小学，并开办高等小学，标志着现代教育制度在上伍堡地区的确立。此时上伍堡共有尖山、河路口、布里坪、牛路、上任、财塘、旦久、凤尾八个保，每个保有一个小学（简称“保小”），就有八个保小。保小的经费来源主要由保长向本保内富裕人家进行摊派，所需要的师资则由各保自己聘请解决。各保小主要招收初小学生，即 1~4 年级的学生。保小的出现并没有取消私塾，部分距离保小较远的瑶族村寨还是保留了以前的私塾。除保小外，上伍堡还有一所公立的高等小学，叫梅楼小学。梅楼小学兴办于民国二十八年（1939 年），由民国政府全资兴办，所有老师和工作人员都是“吃皇粮”的。梅楼小学是当时江华仅有的三所公立高等小学之一，主要招收伍堡瑶和周边民家人的初小毕业生。据曾经在梅楼小学读过书的老人回忆，梅楼小学办学之初门口有一副对联，上联为“梅藩君子岭”，下联为“楼香姑婆山”。

1950 年起，上伍堡开始在各个村委会兴办公办小学，总共兴办了 27 所小学，还把梅楼小学更改为中心小学，把原来的关水阁庙宇改建为关水阁完小①，之后又设立上游完小。经过 1963 年、1975 年和 2002 年的几次村小布局调整后，现在上伍堡最主要的学校有河路口中学、河路口中心学校、上游完小和关水阁完小。其中，上游完小和关水阁完小是两所以伍堡瑶为主的小学，教职员工 80%以上是伍堡瑶本地人，学生 95%以上是伍堡瑶学生。

① 完小，即完全小学，是指从一年级到六年级齐全，具备初级小学和高级小学的学校。

第六章
在社会交往中实现文化交融

伍堡瑶的文化特点呈现出多元属性，这跟他们在姑婆山北麓遭遇的社会压力有直接联系。在多重压力之下，伍堡瑶为了生存只能对自己原有的文化进行调适，该放弃的放弃，该转变的转变。经过社会组织、户籍、土地制度、宗教信仰以及文化教育的变通调适与再创造后，伍堡瑶的文化与其族源盘瑶的文化已经渐行渐远，甚至有些面目全非了。本章，我们以伍堡瑶的代表性文化为考察重点，分析伍堡瑶文化是怎样在社会交往中实现自我发展的。

第一节　文化采借与适应：伍堡瑶的婚俗

一、闭环的婚姻交换

关于盘瑶的婚姻制度，许多学者都认为是以族内地域内婚为主的，他们的依据就是《晋记》和《搜神记》里关于盘瓠子女的记载。东汉应劭的《风俗通义》记载："经三年，生子一十二人，六男六女，盘瓠死后，因自相夫妻。"晋代干宝的《搜神记》里有这样的记录："盖经三年，产子六男六女，盘瓠死后，自相婚配。"① 后人根据这两则文献记录断言，盘瑶的婚姻制度普遍执行的是族内婚，说得通俗点是兄妹结婚。记载"盘瓠传说"的应劭与干宝未必去过盘瓠居住的区域调查，他们的说法有些想象的成分，或者是道听途说而来的，带有一定的臆测成分，因此我们不能由此推断瑶族的婚姻制度。

考察历史上瑶族的婚姻制度，一是要依据瑶族保留的文献资料，二是

① 干宝. 搜神记：卷14［M］. 北京：中华书局，2002：168-169.

要依据人类学的田野调查。在众多瑶族口头与书面文献中，《盘王大歌》与《过山榜》于研究瑶族文化制度而言最为重要。我们将以这两个瑶族文献结合田野调查的资料，对历史上瑶族（主要是盘瑶）的婚姻制度做个考察。在《盘王大歌》中，涉及瑶族婚姻的表述主要有两处：一是“远古天地间”中有“不经嫁娶自联婚”的记载，这是以一种客位的视野审视瑶族先祖的婚姻。也就是说，瑶族的婚姻是自由自在的，没有受到“明媒正娶”的约束。二是“伏羲兄妹自婚配，传根接种人繁衍。松柏树下结良缘，风传花粉上妹妹身。花胎落在妹身上，呱呱坠地不成人”①。这是一种神话思维的叙述，但也提及了兄妹结婚。如果我们把瑶族的十二姓当成一个胞族来看的话，他们之间的互相联婚其实也就是兄妹结婚，这与应劭和干宝记载婚姻具有一致性。《盘王大歌》之“盘瓠传说”关于的瑶族婚姻制度的记录，本身就是一个带有虚幻色彩的神话传说，真实性不强。瑶族文书《过山榜》中关于瑶族婚姻的记录如下：“准令十二姓王瑶子孙，自行嫁娶，不许与族外通婚，违者，罚蚊子酢三瓮，开元铜钱三百贯，无节竹根三百根，糠粒金绳三丈，鸡尿三斗，入官领纳。强夺王瑶妻女，罪不轻恕”②“准令汉民不许娶瑶女为妻，绵不许与百姓为婚……倘若不遵律令，处备蚊子酢三瓮，开元铜钱三百贯，无节竹三百枝，狗出角作梳三百副，老糠纺索三百丈，枯木做船一只，宽八尺，厚十二寸，深十二丈。如有百姓成亲者，无此六件，定言入官究治，依律处之，山田拨归王瑶。准令实行”③。《过山榜》文书里面的规约是瑶族的行动指南，不管是哪里的瑶族，只要是过山瑶的支系，就会带有《过山榜》。这是过山瑶的精神纽

① 郑德宏，李本高. 盘王大歌［M］. 长沙：岳麓书社，1988：90.
② 《过山榜》编写组. 瑶族过山榜选编［M］. 长沙：湖南人民出版社，1984：50.
③ 黄钰. 评皇卷碟集编［M］. 南宁：广西人民出版社，1990：244.

带和自我认同的符号，里面的规约在他们看来既具有真实性又具有不可挑战的权威性。从《过山榜》看，瑶族也是执行族内婚的，婚姻以自由为主，但对族外婚限制很严格，如有违背就处于一些莫须有的物质罚款，如“蚊子酢”“开元铜钱”“ 无节竹根”“ 糠粒金绳”等。这些罚款内容是根本不存在或者无法办到的。罚收这些物质，不是轻饶违犯者，而是将违犯者清除出瑶族队伍，以此保证族群的纯洁性。除《过山榜》对过山瑶的婚姻习俗有规定外，过山瑶普遍存在过的石牌也有相似的规定：“谁家生姑娘，不许嫁到大地方，我们是鸡嫁鸡，他们是鸭嫁鸭，自古鸡不拢鸭，自古狼不与狗睡。把女嫁出山，犯十二条，犯十三款。”① 石牌中对瑶族婚姻的规定，其实就是《过山榜》婚姻规约的一种通俗化、形象化的表达，其内容实质还是一样的。

瑶族传统文化中的婚姻规约，在婚姻实践中发挥了多大的作用呢？其遵守的程度如何呢？20 世纪 30 年代，唐兆民在金秀大瑶山调查时，发现大瑶山的四支瑶族对“族群内婚”遵守的程度有些不一致。经济发达的山主瑶（长毛瑶、茶山瑶、坳瑶）几乎不与其他族群通婚，但是对于山子瑶、盘瑶和顶板瑶来说，这些瑶族历史上的婚姻规约却已经发生了松弛，山子瑶与汉族、壮族通婚的实例已经很多了，且较为普遍。盘瑶是瑶族历史最为悠久、文化特征最为典型的瑶族支系。在其他族群看来，盘瑶代表了瑶族的本源。但为什么这些最正统的瑶族支系却最终放弃了祖先制定的准则呢？对这种现象我们只能从族群互动与经济交往中寻求答案。大瑶山的几个瑶族支系尽管居住在一起，他们也自称为“瑶”，但他们的内部区分却很大，语言不同，族群来源不一，迁徙时间有先后。正是由于到大瑶

① 徐平，等. 大瑶山七十年变迁［M］. 北京：中央民族大学出版社，2006：38.

山的时间不一致，导致了不同的瑶族支系拥有了不同的山场土地。茶山瑶、坳瑶等瑶族支系先到达大瑶山，占据了土地较好的山场。等到盘瑶、顶板瑶来到大瑶山的时候，水田和肥沃的旱地以及山场都没有了，为了生存他们只得租种茶山瑶等瑶族支系的山地和水田耕种。尽管同为瑶族支系，以茶山瑶为代表的山主瑶却看不起盘瑶，并经常欺负他们。由于经济上的劣势、人口的不足，盘瑶与周边的汉族、壮族接近，而其中最有效的途径当然就是通婚了。这种通婚也是基于不平等基础上的，往往是盘瑶和山子瑶的女子嫁给汉族和壮族的男子，在多数情况下这些汉族和壮族男子是有身体缺陷的。通过这种外嫁式的联姻，经济和人口上处于绝对劣势的盘瑶、山子瑶就取得了社会资源，为反抗茶山瑶等的压迫增加了力量和资本。因此，盘瑶、山子瑶主动打破祖先留下的规矩也是万不得已而为之的事情，是为了争夺资源而采取的一种策略，是主动适应社会环境的结果。

过山瑶实行族群内部的自由婚姻是对环境的适应。本书试以“招郎入赘”和“同姓结婚”为例进行阐述。

招郎入赘，汉族人称之为“倒插门”。对于瑶族来说，招郎入赘就是女子成年后，不外嫁，留在家里与本族群或其他族群的男子结婚，婚后青年夫妇留在女方家里与女方的父母一起生活。男子到女方家后，一般都要改为女方家的姓，也有不改的。十二姓瑶人是一家，在他们看来，只要是十二姓瑶族之内的，姓什么都不重要。盘瑶的香火观念不是很强，这跟他们的迁徙性历史传统是有一定关系的。因此，他们的小孩跟谁姓都无所谓，不过一般是根据习俗第一个孩子跟母亲姓，第二个孩子跟父亲姓，生男生女都一样。历史上盘瑶有自己的人口观念和人口调节方式。一般的家庭，夫妇都是生育两个孩子，不分男女。两个孩子中原则上是留一个在家，外嫁一个。如果两个都是男孩的话，也是招出去一个，留一个在家。招出去这个，当地人也叫“嫁郎”。如果是两个都是女孩的话也是一样，留一个在家招郎，嫁出去一个。如果生育的是一男一女，按照普遍的思维，应该是留儿子在家，嫁女儿，然而事实上却是把女儿留在家里招郎，把儿子送到女方家做上门女婿。过山瑶的这种传统现在还在一定程度上保留着。过山瑶的这种不分男女都是嫁一留一的传统婚姻习俗与散居深山的居住模式以及以耕山为主的生计模式是相适应的。从族群人口繁衍的角度来说，这种模式可以确保那些生育女孩的家庭得以延续下去，有利于保持十二姓瑶人的完整性。相传，十二姓瑶人在漂洋过海过程中，有两姓被洪水卷走了。在登岸后，经过瑶老们集体协商，就将人口较多的两个支系划出了部分人口，改为被洪水冲走的那两姓，以改姓的方式确保了一起迁徙过程中的十二姓瑶族的完整性。就生产生活来说，这种模式也是确保一个家庭乃至一个族群有从大自然获取能量的基础。过山瑶过着刀耕火种的生活，这种原始的生产模式的维持离不开男劳动力，没有生育男孩的家庭通过这种“嫁一留一”的招郎入赘婚姻模式获得了成年男丁，为维系这种粗放型的生计模式提供了劳动力上的保证。

过山瑶招郎入赘之后的定居模式是“两可居”，当地人又称“两边走”，意思是既可以在女方家住一段时间也可以在男方家住一段时间。招郎入赘后，男方也要照管自己的父母。在有红白喜事时或农忙季节，男方都要回去帮忙。过山瑶不仅居住自由，在婚姻对象的选择上也是自由开放的。外族人言及过山瑶婚姻往往就会用“婚姻不辨同姓”来加以嘲笑，其实这是外族人不了解瑶族文化的一种误解。按照古训和传说，过山瑶的十二姓瑶人是一个不可分割的整体，但他们并没有血缘关系，这是一种依靠记忆和传说构建起来的族群群体。在一定程度上说，十二姓瑶人既是兄弟又不是兄弟，不是兄弟又胜似兄弟，同姓也是一样的道理。因此，对于他们来说，“婚姻不辨同姓”没有什么不好，也没有什么不妥，反而是顺理成章的事情。由于过山瑶聚居区存在着普遍的民主、自由的婚姻习俗，加上女性的地位相对高，有的学者包括一些瑶族知识分子就想当然地认为，瑶族有重女轻男的文化习俗，这是母性社会遗留的风气。果真是这样吗?笔者认为并非如此。我们知道，瑶族不管是族源传说，还是迁徙过程中累积起来的各种传说，其主要人物都是男性。瑶族在主体意识形成之前就已经开始由北往南一路迁徙。迁徙过程中的生计模式是以砍树垦荒耕种为主，这种原始的刀耕火种的生计模式需要大量的劳动力，因此身体弱小的女性是不可能在生产中起到主导作用的，母性社会文明在过山瑶中没有存活的土壤。瑶族女性为什么具有普遍较高的社会地位呢?这也是跟瑶族的迁徙和游耕的文化有密切的关系的。在深山老林里不断迁徙就决定了他们获取能量的方式有限，不可能养活大量的人口，于是就自觉形成了一套自己的人口调控模式——生育两个孩子，不重男轻女，懂得人口控制方法。这种生育两个孩子的习俗就决定了不能轻视女性。因为生男生女是无法选择的，如果重男轻女的话对生育女孩的家庭就是严重的打击，或许会造成某些姓氏的绝迹，从而破坏十二姓瑶族的完整性，进而影响瑶族的生存与繁衍。因此，过山瑶女性地位较高的原因是跟瑶族的传统文化和习俗联系在一起的，也是由在深山老林里不断迁徙的生计模式决定的。

二、区域内的婚姻互动

在考察完过山瑶社会存在的婚姻制度后，我们对上伍堡的伍堡瑶的婚姻制度做个分析。伍堡瑶直至明洪武初年才被史学家关注。几百年来，他们居住在南岭山脉姑婆山脚下的丘陵和平地，并拥有了一定的土地，过着定居的农耕生活。伍堡瑶由于周边复杂的族群关系，形成了一套与独特的自然环境、生活环境相适应的婚姻家庭制度。正是这些制度的存在，伍堡瑶在与附近汉族、高山瑶族以及梧州瑶族的关系互动中得以生存与发展。

费孝通先生在论及“生育制度”时认为，一个社会要维护结构的完整，维持群体的生存作用，必须规约着内部成员的新陈代谢问题。这就涉及婚姻与家庭制度。婚姻是家庭的起点和基础，是维系家庭关系的纽带。与过山瑶相比，伍堡瑶的婚姻制度出现了新的特点。

伍堡瑶的婚姻规约是“婚姻同姓相联亦所不拘”，这是历代地方志对伍堡瑶婚姻习俗的评价。这说明伍堡瑶在历史上与盘瑶一样存在着同姓结婚的婚俗。现在能看到的伍堡瑶文献，如《上伍堡三宿总册底引》、各户的粮册、清代碑刻、族谱等都没有涉及伍堡瑶的婚姻规约。因此，我们只能从部分老人的回忆中获取有关信息。奉兴朝老人根据前辈相传和自己的经验，就伍堡瑶的婚姻规定列了以下几点：

没有经过明媒正娶的妇女，不得在父母家生育小孩。一旦被发现违反，村人杀其家猪牛，要其为村人请法师给村里人安龙[①]；女的不准在家招亲，不准与同姓同村人结婚。

根据奉兴朝老人的推测，这几条规约应该是清中叶到清晚期制定的。伍堡瑶把“明媒正娶”看得很重，这显然是受到了汉文化的影响，是向汉族文化和习俗靠拢与看齐的结果。

---

① 安龙是伍堡瑶的一种祛魅祈福仪式，如果居住的村落发生了不祥之事，或者遇到了晦事，就要请法师做一个祛魅仪式，以此保佑全村人的平安健康。

伍堡瑶不仅与周边的汉族通婚也与外来的客家人通婚。清同治年间，上伍堡伍堡瑶一个“瑶王”的女儿在嫁给来自广东连州的成氏成大正（客家人）时，此“瑶王”就把一片300多亩的山林作为陪嫁送给客家人。任何一种文化，都是与当地特定的社会生产力及地理环境相适应的。环境改变，社会生产力提高，文化也就会发生改变，因此不变的文化是不存在的，变化才是永恒的。

“不准与同姓同村人结婚”这条婚姻规则在清代中期就遭到了部分村落的抵制和否定。如上所言，伍堡瑶在历史上也与盘瑶一样存在着同姓结婚的习俗，后来随着不断吸收汉文化，便有意识地限制同姓联姻。上伍堡三宿44户，主要的姓氏是奉、唐、李，其人口占了伍堡瑶的一半有余。如果不允许同姓结婚的话，那么奉、唐、李三户的子女找伴侣的范围无疑将受到很大的限制，进一步会对他们的群体发展产生消极的影响，因此这条规则的实际约束力不强。清中叶以后，基本上是由各户自己决定是否同姓结婚。

“女的不准在家招亲”这条婚姻规则是与盘瑶婚姻制度最大的差别。其产生的原因与伍堡瑶定居拥有一定的土地和山场后，获取物质资源的机会增加可以养活更多的人有关系。物质资源的增加，直接导致了过山瑶人口限制习俗的消失，过去的老人基本上都有六七个孩子甚至更多。由于生育多个子女，按照概率来说，基本上每个家庭都有男有女，因此招郎入赘这种婚姻模式就受到了挑战。

第二节　文化采借与适应：伍堡瑶的春节习俗

随着人口的迁徙和流动，现在不少民家人在上伍堡经商。民家人居住的村落就有四个。在镇上，民家人占的比例超过了 40%。在田野调查过程中，笔者曾在镇上访谈一些民家人，询问他们伍堡瑶的文化传统与民家人的文化传统有什么不一样的地方。答案尽管很多，但最为集中的是春节的拜年、闹新郎以及耍香火龙等文化习俗方面。肖凤霞认为，一种地方习俗很可能是一种文化权利符号，并在族群互动中被各个族群出于各自的目的加以改造。

一、“汉化”的年夜

与全国大多数地区一样，伍堡瑶也过小年，时间是腊月二十四，主要是祭祀灶王菩萨。瑶族是一个多元信仰的民族，其中又以地方性神灵和道教信仰为主，佛教传入伍堡瑶最早也是明代以后的事情了。小年夜这一天，家家户户在自己的灶旁贴满纸钱，象征着送点纸钱给灶王菩萨，请求灶王菩萨保佑六畜平安。吃晚饭的时候，家家户户盛点饭菜放在灶上做贡品，家里的男人都会朝着灶作揖 3~6 次，口中默念着“保佑猪狗头牲（泛指一切家畜）快快长大”之类的说辞。这些纸钱要到正月二十四才撕下来在神台前烧掉，刚好一个月。

瑶族在定居上伍堡之前主要从事耕山和狩猎，所信之神基本上是山神，对灶王菩萨没有什么概念，他们也很少饲养猪牛等大型牲畜，因此他们的灶也非常简单，几块石头或一个三只脚的铁支架就是一个灶。伍堡瑶在定居上伍堡之后，由游耕走向定居，拥有了自己的土地，开始以农业为主，在不断与汉族文化接触的过程中，文化产生涵化。同时，耕牛的重要性也显示出来了。农业的发展使得出现多余的粮食成为可能，为开展生猪饲养提供了条件。伍堡瑶养的猪的品种一般是甲子猪。土法养生猪主要是靠在田间地头扯点猪草。野外的青草哪些可以给猪吃，哪些不可以给猪吃，伍堡瑶的小孩子都知道。过去，这种猪的喂养以青菜为主，营养不够而长得很慢。其喂养周期一般是一年，因此也叫年猪，年猪的净重很难超过 120 斤。年猪虽小，但在伍堡瑶日常生活中扮演了重要的角色。生活中的红白喜事及重要年节祭祀，如果畜栏里没有猪的话，伍堡瑶就缺乏底气。

杀年猪在伍堡瑶春节中具有重要的意义。这不仅是辛苦一年的成果检阅，也是一种很重要的感情联络方式。小年的到来，意味着年关将近，瑶族人民进入了自己的休闲期。这时伍堡瑶就把喂养了一年的年猪杀掉，杀猪之前则会把主要亲戚等请过来吃饭。所吃的主要是猪的内脏以及猪肉，剩下的猪肉主人就卖一部分，换点现金和油盐之类的日用品，其余部分就用来制作腊肉。腊肉的做法很简单，先把食盐与切好的条块状猪肉放在一个缸里，搅拌均匀。猪肉以五花肉为主，放几天等盐渗透进肉中再晾干，然后挂在火塘旁用火烟熏干。这种腊肉肥而不腻，口味极佳，又能久放，放一年半载都没事。农忙季节请人帮工或来客人了伍堡瑶就割点腊肉下来，蒸炒都是美味。

二、瑶味犹存的拜年

历史上的瑶族是一个弱小的民族，在恶劣的环境下，加强对自身的认同、强化内聚力，才是明智的选择。瑶族没有自己的文字，他们自身的文化与智慧主要依靠长者传承，因此老人在瑶族社会中格外受到重视。历史上的瑶族形成了瑶老统治，瑶老统治就是以老人为主的。因此，老人在瑶族社会中占有崇高的地位，尊老的风气也是代代相传，至今如一。瑶族敬老、尊老的传统，在各种节日和仪式活动中得到了很好的体现。

一元复始，万象更新，新年的第一天总给人许多期待。在文化的累积过程中，瑶族在新年的第一天形成了互相拜年的传统。互相拜年走访的传统全国大体相似，但伍堡瑶的拜年习俗又有了自己的文化传统。沧海桑田，瑶族的诸多文化传统在时空的变迁中发生了改变甚至消失，但大年初一互相拜年的习俗却至今未变。初一拜年实际上就是拜访老年人。这一天，除去老人在家留守等候客人外，家里的大人、小孩，不分男女，都成群结队到邻里和亲戚家拜访。其中最兴奋、最开心的莫过于小孩，这一天他们可以穿上父母年前买的新衣服，自由串门，尽情地到各家各户吃糖果、瓜子，吃不了还可以兜着走。拜访几趟下来，孩子的口袋里也满是糖果、瓜子。一大早，家庭主妇就早早起来忙这忙那，等全家老少都洗漱完毕后，早餐也做好了。在瑶族看来，物我合一，人神共通，鬼神也有新年。因此，早上起来，家里的男人洗漱后的第一件事就是敬神灵。所谓的敬神灵也很简单，摆点热菜热饭，倒点酒，烧点香纸，做几个揖，然后放点鞭炮就行了。这时供品就更换成一块腊肉，杀了年猪的家庭供奉猪头和猪尾，加上一只水煮全鸡以及当地产的沙田柚。早餐后，主妇收拾干净桌椅，就开始烧茶。瑶族人民泡茶没有什么讲究，说是泡茶，实际上是煮茶，抓一把姑婆山上的野生苦茶，放到盛满水的锅里，加水一起煮，水开茶好。这时茶叶也煮烂了，所煮之茶既苦又涩，但喝过之后，甘甜心脾，还促消化、除油腻。

上午十点左右，拜年开始了。为了表示对长者的尊重，拜年要到村寨里年纪最长、辈分最高、威望最佳的瑶老家去。在外工作的瑶族年轻人要准备几挂鞭炮燃放，除添喜添彩外，还以此表达感谢瑶寨父老乡亲对自己的养育之恩。给瑶老拜年后，瑶民再去其余的同寨瑶民家拜年，大多是依血缘亲疏、地域远近一一拜访。

客人来了，主人都喜笑颜开，热情地在火塘旁与客人拉家常、讲故事，祝福新年的同时，找各种缘由与客人大碗大碗地喝陈酿的瓜箪酒（一种低度的糯米酒）。兴致来了，主客猜拳助兴，微醉后一边哼着祖传的“盘王大歌”，一边到下一户。一天下来大多数瑶族男子会醉酒而归，人虽醉了，心里却甜滋滋的，颇有成就感。

拜新年更多的是感情的交流，是增强族群自我认同的媒介。如果亲戚朋友正月初一这一天不来拜年的话，就是看不起对方，会影响双方的关系，严重的甚至会断绝来往。如果平时有点小过节的，初一这天来拜年，所有的不愉快就会烟消云散，他们的关系也会得到一定程度改善甚至和好如初。

过年要喜气、热闹。白天热闹的拜年过后，晚上又是另外一种景象。在过去，每个瑶寨都有自己的狮子队。一种狮子队一般由 9 ~ 15 人组成。秋收后，狮子队的成员在师傅的带领下就开始一边做农活、一边练习，所学内容有大刀、长刀、长棍、短棍、花耙、拳术。春节期间，他们的外村亲戚就会发帖子请狮子队前去表演。大年初一晚上，狮子队在本村表演，带一点汇报演出的味道。从大年初二开始狮子队就受邀到附近各瑶寨表演。过去，单个家庭的接待能力有限，同姓的亲戚就主动邀请客人到家里吃饭住宿。在他们看来，有客人来了是他们的荣誉，一餐饭、一晚住宿，大家就成了好朋友。还有一种狮子队是在本寨各自然村之间游走的狮子，这种狮子往往被视为整个瑶寨的神灵和保护神，无论男女老少一律都称之为“狮子公公”。

三、节日的发明：闹新郎与耍香火龙

拜新年与吃年夜饭是全国大多数地方都有的文化习俗，只是随着地理文化区域的不同有了些差别。春节期间，伍堡瑶最具特色甚至可以说是自己发明的文化节日要算大年初二的“闹新郎”和正月十五的“耍香火龙”了。

大年初二对于伍堡瑶来说，是有特殊意义而又忙碌的一天。这一天是“尾年”，最值得期待的就是“闹新郎”了。年前如有女儿出嫁的，大年初二这一天整个瑶寨的男女老少就要到这一家“闹新郎”。伍堡瑶老人说，闹新郎的习俗由来已久，他们也记不清从什么时候开始的，反正年年都是这样的。过去主要是新郎破费买点东西供乡亲们吃，再就是给前来表演的狮子队敬个小红包，买点鞭炮放放，给节日添点喜气。这一天早上，娘家要派未嫁女儿或媳妇去接女儿女婿回来过尾年。女婿除了准备拜年礼品外，晚上还要买东西招待整个瑶寨的男女老少。改革开放前，女婿主要是买点橘子以及糖、瓜子和自家做的各色粿子招待来客。在娱乐形式短缺的年代，女婿还要请村里的狮子队来表演拳术，或者花钱招待来客看一场电影。在电视还没有进入寻常百姓家的时候，看一场电影在伍堡瑶属于奢侈品，放一场电影需要花费 100 多元。这一天对孩子来说无异于盛大节日。现在，电视早已经普及，电脑也开始进入瑶寨，大多数年轻人都使用智能手机了。尽管如此，闹新郎这种习俗却没有消失。

关于闹新郎这种习俗，我们无法确认其出现在什么时候，因为没有文字记载，并且寨子里最年长者也不知道，他们只知道是老辈人传下来的。当问及为何闹新郎时，老人们回答：“主要是混个脸熟，女婿‘半边天’。”闹过新郎后，新郎也就被瑶寨接受。老人们的回答有一定的道理，伍堡瑶定居上伍堡后，面临的生存压力很大，既有生存环境的压力，又有来自封建王朝和其他族群的压力，为了生存他们必须依靠自身人口的不断增长才能战胜各种挑战。在自身人口增长有限的条件下，婚姻的交换就可以获取更多的人力资源，以此加强伍堡瑶的内聚力。闹新郎更像是一个仪式，一个使女婿加入伍堡瑶村寨的仪式，经过大家的百般“折磨”后，女婿的身份得到了整个瑶寨的认可和接受。

香火龙指的是一种以稻草为原材料做成龙身、龙珠，然后在龙身上插满香的草龙。香火龙一般由 9 节或 12 节构成。

既没有哪一位老人知道耍香火龙具体的起源时间，也没有人说得清楚耍香火龙跟什么传说故事联系在一起。我们透过整个耍香火龙的过程可以窥见农耕文化的遗迹。相传，龙是驱赶瘟疫的神灵，耍香火龙仪式把整个瑶寨的每一个角落都走了一遍，其实就是相当于不留死角地驱赶瘟疫，寄托来年的六畜兴旺。整个香火龙的主要制作材料就是稻草，由此也可以说明，香火龙习俗跟农耕紧密联系在一起。体现着伍堡瑶农耕文明的活动还有赛长鼓。伍堡瑶的长鼓比过山瑶的长鼓要长、要粗。鼓长 6.2 尺（1 尺约等于 33.3 厘米，下同），鼓头 1.4 尺，鼓尾 1.2 尺，鼓钩 12 个，鼓绳 12 根。长鼓以生漆漆就，以羊皮做鼓皮。过山瑶的长鼓是一个人拿着跳的，而伍堡瑶的长鼓却是两个人抬着，还有一个人拿沙包敲鼓。过山瑶的赛长鼓动作以模仿狩猎动作为主，而伍堡瑶的赛长鼓动作则类似于耕牛耕田的动作和插秧的动作，体现了农耕文明的特点。每逢春节或六月初六，都会有几个村主办赛鼓会，主办方向各村发出请帖。比赛当日，参赛选手穿着节日的盛装，背着自己的长鼓，应邀前来参加比赛。比赛的项目就是敲鼓，看谁的鼓响以及鼓声持续久。鼓响及鼓声持续的长度既跟鼓本身的质材和做工相关，又跟比赛选手的技术相关。

要香火龙是伍堡瑶传统的活动，然而现在只有相公岭下的老车、秀鱼塘、上任、下任、林家等部分瑶族村寨还保留着该仪式。像毗邻墟镇的牛路、大岗头、琶岗头等一些伍堡瑶村寨子则基本上没有该仪式了，他们倾向于主办一些更加流行、更加大众化的文体活动来庆祝传统的元宵。琶岗头瑶寨元宵节前后就举办了一系列或传统或现代的庆祝活动，其中有篮球邀请赛、现代歌舞晚会以及伍堡瑶歌曲演唱比赛，这些活动都冠上了一个“神州瑶都（江华）伍堡瑶族文化艺术节”的帽子。这种悄然转变犹如一把双刃剑，一方面在丰富瑶族群众文化活动的同时助推了伍堡瑶歌曲的复兴，另一方面则对瑶族的一些传统活动起着颠覆性的作用。

伍堡瑶是较早实现定居的瑶族支系，在完成从游耕到农耕、从山上到山下的转变后，他们的生计模式和生态环境发生了改变。农业为主的生计模式和定居的生态环境使得他们必须持续吸收汉族文化，在与周边族群频繁的文化接触中，自身的文化发生涵化，兼有了汉族和瑶族的文化特点。为了族群的生存与发展，他们一方面尽量吸纳主流民族的文化，接受官府的管理，垦荒土地，纳粮服役；另一方面边缘性地位依然没有发生改变。面对多重压力，为了适应新的环境，伍堡瑶不得不采取多重的适应策略。伍堡瑶在主动学习汉族以农业文明为主的农耕文化的同时，自觉纳粮服役，服从官府的管理，以求得主流社会的认同。同时，伍堡瑶也努力保持定居之前的传统文化，在时空推移过程中逐步形成了一套既不同于汉族又与过山瑶族相异的文化体系。伍堡瑶的文化体系最大的特色就是“混生性”，也就是“既瑶非瑶”和“非汉似汉”。

第七章
结束语

萌渚岭姑婆山北麓的上伍堡是南岭走廊的一个分界点。这一代自古就有九个隘口出入两广地区，是湖南、湖北等中原各省出入岭南的主要通道。隘口以南属于历史上的蛮荒南岭，以北属于文明的岭北各省。明初，17 户瑶人在奉、唐、李三姓头领的带领下到上伍堡定居之后，以 17 户人家为主体的这个族群不仅自称为“瑶”，也被官府和汉族文人称为“瑶”。

调查之初，笔者开始以为上伍堡的伍堡瑶是一个具有共同族源历史和文化的族群，之后才知道上伍堡的伍堡瑶的族群来源不一，迁徙时间有先后，其中既有源自千家峒的奉、唐、李、沈、包、周等过山瑶支系，也有从姑婆山上小心翼翼搬下山的邓、黄、任、高等盘瑶支系，还有“宁卖祖宗田，不忘客家言”的客家人。民家人就更多了，凡是村落名带“家”字的，如车家、林家、陈家、罗家、钟家、何家、鱼家等都是民家人。尽管上伍堡的伍堡瑶的族源如此多元，但现在他们语言统一，信仰和文化习俗基本一致，都自称“伍堡瑶”或“五堡瑶”，外部族群也认可他们为“伍堡瑶”。是一种什么样的动力和机制把这些文化不一、来源多样的族群整合成一个在外人看来具有高度凝聚力的瑶族支系呢？这是本书思考和试图努力予以回答的一个核心问题。

本书认为，这些来源不一的族群之所以能在上伍堡这片区域形成一个有共同语言和习俗的瑶族亚族群，跟十二姓瑶人与生俱来的“自保意识”密切相关。在遇到生存危机时，过山瑶支系的“自保意识”体现得最为充分与明显。定居之后，由于生态环境的改变，社会压力的陡然增加，他们的“自保意识”被激发出来了。为了在上伍堡这片土地上存活，这些文化多元的族群出于“自保”的考虑，适时就各自的文化，如社会组织、宗教信仰、生计模式等方面做出调整，在与周边族群的互动中形成了新的瑶族亚族群。

定居从事农耕是伍堡瑶形成的基础。明初，以17户人家为首的瑶人在上伍堡定居，后来发展到44户人家。这44户人家是伍堡瑶的基础。他们之所以会在姑婆山北麓定居，原因在于姑婆山北麓三面环山，中间有一片广袤肥沃的土地，并且水源丰富，这是瑶族的又一个“千家峒”。在这片土地上官府允许他们自由垦荒，赋予他们合法拥有土地的权利。如前文所述，土地的拥有是伍堡瑶社会组织、文化教育、精神信仰发生不同于已有文化的改变的根本因素，也是来源不一的44户人家构建新的族群的基础。耕田和山场的获得为伍堡瑶繁衍后代、安居乐业提供了条件。拥有耕地并非就拥有了一切，姑婆山一带历史上就是族群关系复杂微妙的区域。在重重压力与矛盾下，伍堡瑶必须对已有的文化进行整合，形成一个坚实的堡垒，否则将得不到长治久安。

伍堡瑶的主体是过山瑶，其传统的社会组织是瑶老制。这种社会组织在封闭的瑶山里面，对维护瑶族社会的稳定与族群的生存具有积极意义。伍堡瑶定居之后，随着田地垦荒数目的不断增多，他们的行为自然会引起官方的注意。没有官方的庇护他们所有的努力都将徒劳，依然会像过去那样在深山老林中游荡迁徙，在封建王朝的追剿中苟且存活。为了与官府打交道，争取官府更多的同情与支持，他们必须对已有的社会组织进行适当改变，增加懂汉文、识汉字的人与官府打交道。对于地方官府来说，明朝初定，国力空虚，加之之前的本地人已经逃离，上伍堡成了一片荒地，也需要有人来开垦以增加税收，保持地区的稳定。因此，地方官府也需要新的社会组织对瑶族进行有效管理。于是，千户长制随即产生，千户长制不同于以往的瑶老制，其主要是充当一种中介的功能，架起官府与伍堡瑶之间沟通的桥梁。千户长在向瑶民进行征税、管理田亩与人口的同时，把官府的各项规定执行到瑶区，以此获取官府的认可，取得合法的身份。

千户长的设立是对瑶族传统社会组织的一种完善和补充，对伍堡瑶完成由游耕到定居农耕的转变产生了积极的影响。伍堡瑶艰难地入籍和造黄册就是在千户长的努力争取下实现的。明景泰年间的入籍和造黄册纳税是作为瑶族支系的伍堡瑶族群形成的重要推动力。没有合法身份的过山瑶为了保存自己的族群只能借助地势险峻的山体分散居住。拥有合法身份和一块可以使自己维持生计的土地是千百年来瑶族的梦想，他们深知身份得不到确认，没有赖以生存的土地，他们只能游离于国家之外。为了这样一个梦想，一代代瑶人为之艰辛付出，但始终未能如愿。定居上伍堡之后，在千户长与汉族义士以及地方官府的共同努力下，在明景泰三年（1452 年），伍堡瑶终于如愿以偿。身份的获取，加速了伍堡瑶朝着一个共同体发展的步伐。

族群来源的多元，必然是文化的多元。多元的文化如果不加以整合就会导致离心力的产生，随之该族群的生存就面临着危险。在 44 户人家中，十二姓瑶人与民家人、客家人的信仰对象显然不是一致的。在周边族群的压力以及自然、社会环境的重重压力之下，44 户人家必须凝聚成一个有机整体。这种团结在精神信仰层面得到了统一，其标志就是仁王信仰的出现并取代各族群原有的信仰。以三宿三个头户长为代表的精英为了整合整个上伍堡的族群信仰对象，逐步把十二姓瑶族的盘王信仰进行淡化处理，在整合客家人的伯公信仰、民家人的佛教信仰的基础上与上伍堡本土的文化资源进行挖掘，重新再造了一个让各方都能接受的信仰对象。由此我们不得不佩服古人的智慧。信仰的再造与统一为伍堡瑶的形成提供了重要的精神支柱和信仰保障。

为了在上伍堡这片黄道乐土上诗意生存。以奉、唐、李三头户长为代表的地方文化精英在明王朝官府的支持和鼓励下在社会组织、宗教信仰、文化教育等方面进行了积极的改造和本地化推进，以此适应变化了的社会政治和生态环境，确保44户人家在上伍堡的合法存活和稳定发展。伍堡瑶作为一个瑶族支系也就是在地方精英与官府的互动过程以及推动文化的本地化过程中形成和发展的。在本书中，我们可以看到，伍堡瑶形成的过程一方面是以奉、唐、李三头户长为代表的文化精英有意识地“去瑶族化”的过程，另一方面也是对地方知识不断吸取和主动适应汉文化的过程。

早在20世纪20年代，当西方真正意义上的民族学、人类学传入我国后，瑶族就受到了学术界的广泛关注。费孝通、杨成志、梁钊滔、江应樑等我国早期的人类学家就开始了对广东、广西的瑶族进行研究。他们希望通过对“边缘”民族的实证研究，为解决中国边疆危机，构建现代意义上的民族国家提供话语支持。中华人民共和国成立初期，围绕民族识别，政府与学者合作，在瑶区开展了全面的民族调查，收集了一批民间资料。20世纪80年代，人类学、社会学复办以来，瑶族研究进入了黄金时间。回顾差不多100年的瑶族研究史，我们可以发现瑶族研究主要有以下几个特点：

一是以资料收集整理为主。这主要体现在一批地方志和瑶族文献的出版，如《盘王大歌》《瑶族过山榜选编》《湖南瑶族社会历史调查》《广西社会历史调查（1~9册）》《云南苗族瑶族社会历史调查》《连南瑶族社会历史调查》《瑶族简史》等。

二是单一瑶族支系研究成果丰厚。以往的瑶族研究主要集中在盘瑶、布努瑶以及排瑶等被认为是“正统”的瑶族，其中又以广西大瑶山五个瑶族支系受的关注最多。

三是静止封闭的微观研究比较多。瑶族的族源、过山瑶文书、瑶传道教等传统研究主题受到普遍关注。在瑶族社区的田野调查基本上以村落研究为主，代表性的著作是《盘村瑶族》《盘村变迁》。

回顾瑶族学术研究史，尽管硕果累累，但也有一些不足之处，主要体现在静态研究比较多。当代学术研究的取向是多学科共同发展，研究方法互相借用。瑶族研究是一门综合性的人文学科，文化内涵十分丰富，仅靠某一门学科的理论与方法进行研究是不够的，必须打破学科孤立和地域封闭，创新研究方法，拓展研究空间，进行学科交叉合作，走多学科综合研究的方法，才能使瑶族研究在前人研究的基础上更进一步。

本书的研究就尝试做了些突破。笔者的田野调查点选择在南岭走廊姑婆山北麓岭的上伍堡，以居住在这里的伍堡瑶为研究对象，着重探讨作为瑶族支系之一的伍堡瑶是怎样形成的。具体而言，在本书的研究以下几个方面做了推进：

与以往学者选择一个单点的瑶族社区做封闭式、静止调查研究不同，本书的研究具有开放的视野。就田野调查点来说，笔者所选择的是一个区域，而不是一个单一的瑶族村落。尽管笔者的调查重点是在上伍堡三宿之一的平岗宿的老车村、上任村、下任村，但根据研究的需要，笔者对旦久宿的汉冲村、白竹塘村，竹子尾宿的牛路村，民家人居住地河路口村、倒水湾村以及两岔河乡的过山瑶社区都进行了调查。此外，笔者还沿着伍堡瑶在湘桂之间的几个迁徙地做了简短的访问，把伍堡瑶放置于南岭走廊山脉这个区域背景下进行研究，突破了过去主要以一个瑶族村落为田野调查点进行单点民族志研究的局限，走向了多点民族志研究和区域研究。

就方法论而言，本书的研究也由微观转向了中观。梳理瑶族研究历史，我们可以看到，在过去的瑶族研究中，大多数研究者都是师承费孝通先生的微型社区研究模式，对调查点进行解剖麻雀式的纵深研究。在本书的研究中，笔者始终把上伍堡三宿当成一个整体，将其与南岭走廊山区的研究结合起来，依据研究主题的需要进行专题调查。在梳理伍堡瑶由 17 户人家到 44 户人家乃至分宿居住的具体历史形成过程中，本书主要依据本土化、地方化的文献资料，如《上伍堡三宿总册底引》、各宿的粮册、民间保存的契约、族谱等各种文书作为材料。

就研究对象而言，本书拓宽了瑶族研究对象。回顾研究近百年的瑶族学术史，我们深深地感觉到，言及瑶族研究，学者们首先想到的是传统的盘瑶、八排瑶和布努瑶，而对其他瑶族支系习惯性遗忘。本书研究的伍堡瑶，就是一个明显的例子。就文化特征来说，伍堡瑶的族群文化特征比过山瑶更加浓厚。笔者在调查过程中，曾经就江华瑶族文化的特色问题请教过县民族事务委员会的工作人员，他们几乎不假思考就说："伍堡瑶的瑶文化比过山瑶的瑶文化更具有瑶族特色。"但为何伍堡瑶一直被瑶族研究者遗忘呢？这可能跟伍堡瑶"与民无异"，被视为"假瑶族"有关，也就是没有瑶族的"正统性"。《瑶族通史》可谓是集全国瑶族研究力量于一体的标志性瑶学研究成果。然而，在这部通史中，其主线仍旧是过山瑶，很少涉及其他支系的瑶族。因此，该著作可以说是一部"过山瑶族的通史"，这是令人遗憾的。

瑶族是一个不断迁徙的民族，他们不仅由北往南沿着南岭走廊的谷底和河流迁徙，直至由湖南进入广东、广西，最后或从广西或经过云南迁徙到越南、老挝、缅甸、泰国乃至欧美国家。目前，海外瑶族的研究比较少，已有的研究主要是日本、法国等国外学者在20世纪七八十年代进行的。这些海外的瑶族研究者很少会到我国瑶族社区做研究，因此他们的研究成果缺乏我国瑶族社区的实证支持和比较参照，偏颇之处在所难免。本书的研究的一个特点就是全书贯穿着比较研究，有伍堡瑶与过山瑶之间的比较，也有伍堡瑶和梧州人之间的比较，还有伍堡瑶内部不同群体之间的比较研究。这种多方面的比较对开展海外瑶族的比较研究是具有直接的借鉴作用的。海外瑶族的根在我国，他们是由我国迁徙过去的，他们与我国瑶族尤其是盘瑶有着丰富的情感联系和文化上的相似性。同时，由于迁徙地政治体制、人文环境发生了微妙的变化，在适应新的环境中他们的文化自然呈现出了与来源国不同的特点，既有相同性，也有相异性。对海外瑶族与国内瑶族进行比较，既可行也必要。因此，本书的研究对开展海外瑶族的研究也有一定的积极意义。

瑶族与苗族、畲族、布依族、彝族等居住在南方山地的众多民族一起被称为“山地民族”。“山地民族”作为一个学术概念，早在20世纪90年代就被学者提了出来。“山地民族”的研究也开展得如火如荼。但是，“山地民族”研究也存在着许多瓶颈因素，主要制约因素之一就是视野狭窄，没有把“山地民族”视为一个整体，而是孤立、分散地进行研究，研究苗族的不会考虑瑶族，研究侗族的不会涉及水族，哪怕他们是相邻而居，有着共同的生计模式，文化上也互相渗透。正如本书的研究那样，伍堡瑶是外部族群对上伍堡瑶人的一个“他称”。在伍堡瑶内部，并非单一族源，而是由不同的族群共同构建起来的，经历了一个从分散族群到整体族群形成的过程。伍堡瑶的形成过程是这样，“山地民族”也不例外。因此，本书整体性的研究对我国南方“山地民族”的研究也具有一定的借鉴意义。

关于族群的身份认同和族群构建学术界似乎也存在着两种截然对立的观点：一种是王明珂在其著作《华夏边缘：历史记忆与族群认同》以及论文《论攀附：近代炎黄子孙图族建构的古代基础》中提出的“攀附理论”；另一种是詹姆士·斯科特在其著作《逃避统治的艺术：东南亚高地的无政府主义历史》中提及的“逃遁理论”。

如果我们以上伍堡的伍堡瑶族群构建过程来反观这两种族群身份认同理论的话，会发现这两种理论也不是完全对立的，只是不同的边缘族群在不同的社会环境中采取的一种生存策略，都是为保全自身而做出的选择。因此，攀附理论和逃遁理论不存在谁是谁非的问题，都是边缘族群生存性智慧的表达，在各自的族群发展史过程中都发挥了重要作用。

参考文献

一、专著类

[1] 艾·乔伊·萨利，杜格·谢尔曼，迈克·斯威尼，等. 移动的山岭：美国优勉瑶人的迁徙故事［M］. 李筱文，盘小梅，译. 北京：民族出版社，2006.

[2] 差博·卡差·阿南达. 泰国瑶人：过去、现在和未来［M］. 谢兆崇，罗宗志，译. 北京：民族出版社，2006.

[3] 渡边欣雄. 汉族的民俗宗教：社会人类学的研究［M］. 周星，译. 天津：天津人民出版社，1998.

[4] 费正清. 美国与中国［M］. 张理京，译. 北京：世界知识出版社，1999.

[5] 福柯. 规训与惩罚［M］. 刘北成，杨远婴，译. 北京：生活·读书·新知三联书店，2003.

[6] F. 普洛格，D. G. 贝茨. 文化演进与人类行为［M］. 吴爱明，邓勇，译. 沈阳：辽宁人民出版社，1988.

[7] 詹姆斯·C. 斯科特. 弱者的武器［M］. 郑广怀，等译. 南京：译林出版社，2007.

[8] 克利福德·格尔茨. 文化的解释［M］. 纳日碧力戈，等译. 上海：上海人民出版社，1999.

[9] 克利福德·格尔茨. 地方性知识：阐释人类学论文集［M］. 王海龙，张家铉，译. 北京：中央编译出版社，2000.

［10］皮埃尔·布迪厄. 实践感［M］. 蒋梓骅，译. 南京：译林出版社，2003.

［11］竹村卓二. 瑶族的历史和文化［M］. 金少萍，朱桂昌，译. 北京：民族出版社，2003.

［12］晁炎. 必背瑶族村落的地方发展与乡村秩序［D］. 广州：中山大学，2008.

［13］陈斌. 瑶族文化论［M］. 昆明：云南人民出版社，1992.

［14］陈洁. 反思发展：以粤北乳源一个瑶族村落经济变迁为例［D］. 广州：中山大学，2009.

［15］陈晓毅. 乳源瑶族宗教的人类学考察例释［C］//李筱文，赵卫东. 过山瑶研究文集. 北京：民族出版社，2008.

［16］陈敬胜，胡铁强. 族群记忆与文化认同：瑶族史诗“盘王大歌”的文化学解读［M］. 湘潭：湘潭大学出版社，2013.

［17］陈斌. 瑶族文化论［M］. 昆明：云南人民出版社，1993.

［18］费孝通. 费孝通民族研究文集新编上卷（1951—1984年）［M］. 北京：中央民族大学出版社，2006.

［19］费孝通. 六上瑶山［M］. 北京：中央民族大学出版社，2006.

［20］费孝通，张之毅. 云南三村［M］. 北京：社会科学文献出版社，2006.

［21］奉恒高. 瑶族通史［M］. 北京：民族出版社，2007.

［22］宫哲兵. 千家峒运动与瑶族发祥地［M］. 武汉：武汉大学出版社，2001.

[23] 顾颉刚. 古史辨（一）[M]. 上海：上海古籍出版社，1982.

[24] 广东民族宗教研究院. 广东北江瑶族情况调查 [M]. 广州：广东人民出版社，2012.

[25] 广西民族学院赴泰国考察组. 泰国瑶族考察 [M]. 南宁：广西人民出版社，1992.

[26] 郭大烈，黄贵权，李清毅. 瑶文化研究 [M]. 昆明：云南人民出版社，1994.

[27] 何国强. 围屋里的宗族社会：广东客家族群生计模式研究 [M]. 南宁：广西民族出版社，2002.

[28] 何星亮. 图腾文化与人类诸文化的起源 [M]. 北京：中国文联出版社，1991.

[29] 何星亮. 中国自然神与自然崇拜 [M]. 上海：上海三联书店，1995.

[30] 何星亮. 中国图腾文化 [M]. 北京：中国社会科学出版社，1996.

[31] 胡鸿保. 中国人类学史 [M]. 北京：中国人民大学出版社，2006.

[32] 胡起望，范宏贵. 盘村瑶族 [M]. 北京：民族出版社，1993.

[33] 湖南瑶族编写组. 湖南瑶族 [M]. 北京：民族出版社，2011.

[34] 黄贵权，李清毅. 瑶族度戒初探 [C] //广西瑶学会. 瑶学研究：第三辑. 南宁：广西民族出版社，1993.

[35] 黄应贵. 返景入深林：人类学的观照、理论与实践 [M]. 北京：商务印书馆，2010.

[36] 黄钰. 评皇券牒集编 [M]. 南宁：广西人民出版社，1990.

[37] 黄钰，黄方平. 国际瑶族概述 [M]. 南宁：广西人民出版社，1993.

[38] 黄宗智. 华北的小农经济与社会变迁 [M]. 北京：中华书局，2000.

[39] 金泽，陈进国. 宗教人类学：第一辑 [M]. 北京：民族出版社，2009.

[40] 刘秀丽. 文化身份的建构：民瑶研究 [D]. 广州：中山大学，2010.

[41] 吕俊彪. 财富与他者：一个古镇的商品交换与族群关系 [M]. 北京：社会科学文献出版社，2009.

[42] 李本高. 瑶族《评皇券碟》研究 [M]. 长沙：岳麓书社，1995.

[43] 李默. 广州府古代瑶族分布考 [C] //乔健，谢剑，胡起望. 瑶族研究论文集. 北京：民族出版社，1988.

[44] 李祥红，任涛. 江华瑶族 [M]. 北京：民族出版社，2005.

[45] 李筱文，赵卫东. 过山瑶研究文集 [M]. 北京：民族出版社，2008.

[46] 罗宗志. 信仰的无形之手：大瑶山盘瑶巫师群体的权力研究 [D]. 广州：中山大学，2009.

[47] 麻国庆. 永远的家 [M]. 北京：北京大学出版社，2009.

[48] 纳日碧力戈. 现代背景下的族群建构 [M]. 昆明：云南教育出版社，2000.

［49］纳日碧力戈，杨正文，彭文斌，等. 西南地区多民族和谐共生关系研究论文集［M］. 贵阳：贵州大学出版社，2012.

［50］毛宗武，蒙朝杏，郑宗泽. 瑶族语言简志［M］. 北京：民族出版社，1982.

［51］乔健，谢剑，胡起望. 瑶族研究论文集［M］. 北京：民族出版社，1988.

［52］乔健. 漂泊中的永恒：人类学田野调查笔记［M］. 济南：山东画报出版社，1999.

［53］王明珂. 羌在汉藏之间：川西羌族的历史人类学研究［M］. 北京：中华书局，2008.

［54］王明珂. 华夏祖先：历史记忆与族群认同［M］. 北京：社会科学文献出版社，2005.

［55］徐平. 大瑶山七十年变迁［M］. 北京：中央民族大学出版社，2006.

［56］杨成志，等. 瑶族调查报告文集［M］. 北京：民族出版社，2007.

［57］杨成志. 杨成志人类学民族学文集［M］. 北京：民族出版社，2003.

［58］杨鹤书，李安民，陈淑廉. 八排文化：八排瑶的文化人类学考察［M］. 广州：中山大学出版社，1990.

［59］杨建银. "落后"与"发展"：广西背陇瑶村寨生计变迁研究［D］. 广州：中山大学，2009.

[60] 杨小柳. 参与式行动：来自凉山彝族地区的发展研究［M］. 北京：民族出版社，2008.

[61] 于鹏杰. 社会延续与族群认同：湘西南苗族村落研究［D］. 广州：中山大学，2009.

[62] 杨仁里. 零陵文化研究［M］. 珠海：珠海出版社，2003.

[63] 秦红增. 瑶族村寨的生计转型与文化变迁［M］. 北京：民族出版社，2008.

[64] 石光树. 从盘瓠神话看苗、瑶 畲三族的渊源关系［C］//施联朱. 畲族研究论文集. 北京：民族出版社，1987.

[65] 郑振满. 明清福建家族组织与社会变迁［M］. 北京：中国人民大学出版社，2009.

[66] 赵世瑜. 小历史与大历史［M］. 北京：生活·读书·新知三联书店，2006.

[67] 张应强. 木材的流动：清代清水江下游地区的市场、权利与社会［M］. 北京：生活·读书·新知三联书店，2006.

[68] 张有隽. 瑶族传统文化变迁论［M］. 南宁：广西民族出版社，1992.

[69] 张振江. 三水瑶区变迁的描述与探索：以改革开放前后为中心［M］. 广州：广东人民出版社，2008.

[70] 周大鸣. 中国的族群与族群关系［M］. 南宁：广西民族出版社，2002.

[71] 周大鸣. 凤凰村的变迁：《华南的乡村生活》追踪研究［M］. 北京：社会科学文献出版社，2006.

[72] 周大鸣. 瑶族双寨：广西凌云县背陇瑶和蓝靛瑶的调查研究 [M]. 北京：知识产权出版社，2008.

[73] 周大鸣，范涛. 龙脊双寨：广西龙胜各族自治县大寨和古壮寨调查与研究 [M]. 北京：知识产权出版社，2008.

[74] 周大鸣，吕俊彪. 珠江流域的族群与区域文化研究 [M]. 广州：中山大学出版社，2007.

二、学术论文类

［1］陈庆德. 人类学两个基本问题的语境反思［J］. 云南大学学报，2003（4）：46-57.

［2］陈庆德. 浅析民族理念的建构［J］. 民族研究，2006（2）：10-20.

［3］陈启新，陈运飘. 乳源必背瑶族文化变迁因素的研究［J］. 中山大学学报，1991（2）：88-96.

［4］陈启新. 乳源必背瑶山多种经营的调查与研究［J］. 中山大学学报，1987（3）：43-50.

［5］陈晓毅，马建钊. 粤北山区瑶族移民的文化适应［J］. 民族研究，2006（4）：48-55.

［6］俸代瑜. 瑶族文化多元一体特点浅析［J］. 广西民族研究，1993（4）：86-91.

［7］郭立新. 折冲於生命事实与攀附求同之间：广西龙脊壮人家屋逻辑探究［J］. 历史人类学学刊，2008，6（1-2）：173-218.

［8］刘昭瑞. 乡村基督宗教的走向与思考：以广东地区乡村教会的田野观察为例［J］. 世界宗教研究，2011（2）：104-110.

［9］李富强. 瑶族儿童的社会化初论［J］. 广西民族研究，1989（1）：101-108.

［10］练铭志．乐昌过山瑶及其迁徙考略［J］．民族研究，2008（4）：82-92.

［11］练铭志．试论广东汉族的形成及其与瑶、壮、畲等族的融合关系［J］．民族研究，2000（5）：77-88，109.

［12］马建钊．试论海南苗族与汉族的历史关系［J］．广西民族研究，2000（4）：80-84.

［13］麻国庆．文化、族群与社会：环南中国海区域研究发凡［J］．民族研究，2012（2）：34-43.

［14］麻国庆．作为方法的华南：中心和周边的时空转换［J］．思想战线，2006（4）：1-9.

［15］麻国庆．南岭民族走廊的人类学定位及意义［J］．广西民族大学学报，2013（3）：84-90.

［16］温春来．中央王朝的开拓与少数民族地方政权承袭制度的演变［J］．贵州民族研究，2004（3）：156-159.

［17］温春来．王朝开拓、移民运动与民族地区农业传统的演变［J］．中国农史，2004（4）：82-84，86-88.

［18］许斌，胡鸿保．追寻村落：对两种不同的人类学田野研究的省思［J］．思想战线，2005（3）：42-45.

［19］杨小柳．建构新的家园空间：广西凌云县背陇瑶搬迁移民的社会文化变迁［J］．民族研究，2012（1）：51-60.

［20］杨小柳．村落视野中的乡村社会整合：广东梅县书坑村的个案研究［J］．中南民族大学学报，2010（4）：28-33.

[21] 张应强. 试析粤北瑶族原始婚姻形态残余 [J]. 中南民族学院学报，1992 (3)：42-47.

[22] 周大鸣. 论族群与族群关系 [J]. 广西民族学院学报，2001 (2)：13.

[23] 周大鸣. 动荡中的客家族群与族群意识：粤东地区的潮客村落的比较研究 [J]. 广西民族学院学报，2005 (5)：13-20.

后记

南岭走廊的湘桂边区是生我养我的故土。我在童年时期就对这片土地上的风土人情了然于胸。该区域的文化也影响着我的品格。回过头来看，除了一些自幼就熟悉的内生性文化外，其实我对湘桂边区的传统文化知之甚少。读研期间，我才知道我的故土属于多民族的南岭走廊，典型特征是山水相连。沟通岭南地区、岭北地区以及中原地区的南岭走廊，是历史上人口、经济、文化互动的传统通道，也是陆上丝绸之路和海上丝绸之路的对接区域。“南岭走廊”这一概念是费孝通先生在20世纪80年代提出的一个学术概念，初衷是从该区域理解中国多民族关系的往来互动，从民族流动与演变的历史角度解决当时迫在眉睫的民族识别问题，克服“按民族的单位孤立起来，分别地一个一个研究”的局限。南岭走廊现有人口约7 000万人，其中少数民族人口约1 750万人，占当地总人口的1/4左右。我们在田野调查中获知湘桂边区主要居住着汉族、瑶族、壮族、畲族等民族。

出于对这片民族文化沃土的天然热爱，2012年寒假，我开始在这片区域开展田野调查。之后，我又断断续续不定期地在这片文化的沃土上行走。借助地方文献，我对曾经在姑婆山守隘的平地瑶有了新的认识。这些族源不一、文化特征差异显著、经济发达程度有别的族群为何能在不断融合中走向共生？形成区域性共同体的原因是什么？这些问题成了我心中的疑惑。解惑最好的方式是开展深入的田野调查。受多种因素影响，我对湘桂边区的民族调查屡屡被中断，但又多次启动。直至2020年调查才基本结束。之后我进入了漫长的思考写作期，时而想一蹴而就地写完书稿，时而找各种理由搪塞自己。2022年6月，田野调查点的一个人告诉我，伍堡瑶的一位曾在田野调查中给予我不少帮助的老先生已经离世。我心中满是愧疚，也为迟迟不能出版专著感到痛心，对不起这些地方文化传播人。我自觉加大了写作力度，好像是在给自己一个交代。

在写作过程中，我得到了不少亲人、师长、友人的支持。在成书之时，我首先感谢在田野调查中给予我帮助的文化传播人，其次感谢我的女儿雨馨。这6年是她人生中最关键的阶段，在接受高考洗礼与挑战时，她最需要父亲的陪伴，而我却时常以写作为借口“躲避”陪伴，女儿对此不置可否，总能一笑了之。此外，我还要感谢在写作过程中为我分担过工作、给予我多重关心和支持的南岭走廊乡村振兴研究院的各位专家学者，没有你们的支持，恐怕此书还得推迟出版。

党的二十大开启了以中国式现代化全面推进中华民族伟大复兴的新征程。湘桂边区这个多民族区域在摆脱贫困后，如何实现共同富裕、如何迈入现代化成了时代命题。本书付梓之际，我期待自己能重新收拾心情，继续在湘桂边区甚至南岭走廊区域开展田野调查，在继续推进“区域共同体”研究的同时，为该区域迈向中国式现代化提供学术支持。

陈敬胜

2022 年 12 月